DIAMOND NEO BOOKS

リーダーたる者、前線に立て

トップが動けば、社内の活気はよみがえる

斉木邦明

ダイヤモンド社

まえがき

２０２０年6月、私は28年間勤めたメルコホールディングスを勇退した。その間、役員を24期、バッファローの社長を13期務めた。会社人生50年を、懸命に走り切ったのだ。

私がバッファローの前身であるメルコで働き始めたのは１９９２年3月、それから28年間、急成長するパソコン周辺機器業界の中でもみくちゃにされながら、早朝から深夜まで懸命に働き、メルコ、バッファローを業界トップに押し上げるために貢献してきた。

パソコン周辺機器業界の黎明《れいめい》期から、それが一大産業へと発展していくさなかに、何が起きたのか。バッファローがメモリ、ストレージ、無線ＬＡＮ、ＮＡＳなどの分野で、国内でトップに立つ企業となるために、何をしてきたのか――。記憶に深く刻まれた当時のエピソードを振り返りながら、タイトル通り、「リーダー」としてのあり方を具体的に示そうとしたのが本書である。

私は前職の山田ドビー時代から、カンバン方式をはじめ生産管理の仕事に深く関わり、製造の第一線で身を粉にして働いてきた。メルコへ移ってからは、部品調達のための交渉をはじめ、不良品の修理、製品の企画開発、そして営業にも関わり、それぞれの分野で実績を残してきた。

本書は、決して体系立ったものにはなっていないが、各分野で働いている方にはそれぞれの仕事を前進させるため、なんらかのヒントを見つけていただけるに違いない。

本書にはたびたび、「現場・現物・現実」を重視する「三現主義」が登場するが、それを具体的にどのように実行し用いてきたかについても、できるだけ詳細に記した。

私がメルコで働いた28年間のうちに携わってきた仕事には、当然ながらなんらかの形で必ず牧誠《まきまこと》会長が関わっていた。創業者という強力なリーダーに翻弄《ほんろう》されつつ、次々と与えられる課題に立ち向かってきた姿勢を見ていただきたい。

社長時代については失敗も率直に書いた。現在、経営に携わっている方、これから経営者を目指す方にとって、本書を読んでいただく価値は大いにあると信じている。

メルコグループで働く社員には、メルコグループとはそもそもどこへ向かい将来どう発展していくべきか、本書を通じてそれをより深く知ることができる手がかりを見つけてもらえると思う。

世代を超えて引き継がれていくことは数多くある。

現在、メルコホールディングスとバッファローは、牧誠会長の長男である牧寛之《ひろゆき》社長が率いている。

創業者の牧誠会長と牧寛之社長の経営のスタイルは一見すると大きく異なるが、実は共通していることは多い。

たとえば、牧誠会長も牧寛之社長も相当な〝聞き魔〟であることは共通している。いったん知りたいと思えば、どこまでも調べ尽くす。誰かれ構わず聞いて回る。

また、寛之社長の行動力は創業者以上だろう。交友関係は非常に広く、語学ができることもあって世界中に情報網を広げている。

新しい牧寛之社長のもとでも、三現主義は必須である。ものごとを判断したり、方向性を定める上で「現場・現物・現実」を踏まえてそれを根拠とするだけでなく、「現場・現物・現実」からあらゆる情報を統計的に処理して、新しい知見を得ることが必要である。

我々は、世界中の「現場・現物・現実」を知り、そこから得られる情報を分析し、判断する。日本と世界の市場を客観視し、なぜ、メルコグループが日本で成功したのかを分析する。これまで何度も挫折した世界戦略においても、新たに体制を構築し、再チャレンジしなければならない。

現在のメルコグループは、ＩＴ、食品、金融という強力な〝三本の矢〟を得た。

創業者と長年、向き合ってきた人間が見聞きしてきたことを通じて、何かを感じ取ってほしい。そして、これからのメルコグループの発展のために、ともに力を尽くしてほしい。

一人の人間が、過酷な状況のもと、時にはじっと耐え、時には果敢に前進しつつ、リーダーとしていかにものごとを成し遂げてきたのか——。その生き様を知っていただければ幸いである。

斉木邦明

リーダーたる者、前線に立て

目次

第1章

ビジネスへの興味は学生時代から

父が勝手に断ってしまった大手製薬会社への就職

愛知大学法経学部経済学科の4年になったばかりの1970年4月、私は大阪の大手製薬会社に学内推薦されることになった。同社への推薦は大学では初めてのことであり、私は誇らしい気持ちで、大学生最後の年を送ろうとしていた。

4月に推薦を受けたあとは、5月に大阪の本社で入社試験を受け、予定通り内定をいただいた。そして次に控えていたのが家族面談だった。同社の人事部長が私の自宅まで訪ねてきて、父と母に面談するのである。

就職を希望する学生の家を、会社の人間が訪問することなど、現在ではあり得ないだろう。面接においても、家族について質問をすることはないはずだ。家族構成はもちろん、両親の職業や収入、資産など、本人に責任のないことを聞くことは、就職差別として禁じられている。

1970年代でも、確かにそのような建前はあったと思う。だがそれでも、入社する人物を見極めるためと称し家族構成についてあれこれ尋ねることは、当たり前のように行われていた。さすがに家まで訪問することは珍しかったが、あり得ないことではなかったのだ。

当時の私にとっても、家族面談は時代錯誤に思えた。いくら人物を見るためとはいえ、本人とじっくり語り合えば済む話ではないか。とはいえ、何しろ大学の推薦を受けているのだ。おおっぴらに批判めいたことを口にすることはできない。

だから、これは単なる形式である、すでに採用は決まっているのだ、入社までの一つの儀式に過ぎない、と自分に言い聞かせた。

むしろ心配だったのは両親、特に父だった。というのは、うちは代々商売人の家系で、父は自分の息子がサラリーマンになるなど、おそらく考えたこともなかったはずだからだ。家に大企業の人事部長が来てあれこれ聞かれれば、的はずれなことを口走ってしまうかもしれない。私は、父に向かって、面談ではとにかく「そうですね」「わかりました」と、相づちを打っていればいいから、と言い聞かせた。

6月初旬になり、製薬会社の人事部長が父が営む染物店を訪ねてきた時も、父は確かにその通りにした。家族面談は店の店頭で行われ、なんの問題もなく進んでいったかのように思えた。帰り際、人事部長は7月からオリエンテーションで1週間の合宿が控えていると私に告げて、店をあとにした。

父はなんの失言もせず、私の不安は杞憂《きゆう》に終わった。あとは残りの大学生活を気ままに過ごせばいいだけだ。――そう考えていたが、甘かった。

その後、次に控えているはずのオリエンテーションの案内を待つのだが、いつまでたってもなんの連絡もない。6月下旬になり、ついに7月になってもなしのつぶてだった。

オリエンテーションは確か7月10日からではなかったか。いくらなんでも遅過ぎるのではと、母親に何か連絡は来ていないかと尋ねると、母は目を大きく見開き、これまで見たこともないほど情けない顔で私を見るのだった。

「な、何？　何かあった？」――わけもわからず問い質《ただ》す私に向かって、母は、「じゃあ話してなかったのね。お父さん、断っちゃったのよ」と、衝撃の事実を口にした。

「な、なんだって⁉」

父親が勝手に私の就職を断ってしまったというのだ。呆然としてしばらく何も考えられなかったが、少し落ち着いて母からよくよく聞いてみると事情が飲み込めてきた。

6月の家族面談の際、製薬会社の人事部長は私の父と母に向かって、私が入社すれば営業職になるので、10年間は日本各地を回ってもらうことになる、と説明した。父は「そうですか」と特別に何か口にするわけでもなく、穏やかに受け答えしていた。私が頼んでいた通りにしたわけだ。だが、父は表面上は平静を装っていたものの、胸の内では、長男である私が10年も家を離れることが気に入らなかったらしい。すぐに人事部長宛てに、断りの手紙を書いたというのだ。私になんの断りもなく。

「ふざけんな！」

思わず口をついて出た。

いくら父親とはいえ、そこまでやっていいわけがない。いったい俺のことをなんだと思っているんだ。

自分の将来は自分で決める。

それに、だいたいこの就職の件は自分一人の問題ではないのだ。

大学で同社への学内推薦を得たのは、私が初めてだった。もし断れば、同社は今後、大学に求人案内を出すことはなくなるだろう。会社に対しても、大学にも、そして後輩にも大きな迷惑をかけることになる。

そんな事情を知ってか知らでか、勝手に息子の就職を断ってしまうなど、あり得ないことだろう。

南へ放浪の旅に出るも、なぜか与論島で商才を発揮

父が断りの手紙を出してから、すでに1カ月近くたっていた。今さら製薬会社にあれは間違いでした、考え直してくださいと申し出たところで、聞いてくれるはずもない。

いったいどうすれば……？　頭を切り替える余裕も器用さも、当時の私にはなかった。とにかく家にいることに我慢ならず、捨てぜりふのように「俺の就職の邪魔をしやがって。代わりを見つけておけ！」と、父に言い残して家を飛び出した。大学のテニス部で一緒だった友人のところへ向かい、そのまま友人を誘って2人で旅に出ることにしたのだ。

ちょうど大学は夏休みに入ったところだった。たいした計画も立てなかったが、とりあえず九州に向かうことにした。

鉄道で関門海峡を抜けると博多、佐世保、長崎、島原、熊本、鹿児島と、足の向くまま、1週間ほどかけて九州を半周した。そのあと、与論島《よろんじま》へ渡ることにした。理由はよく思い出せないが、とにかく家からずっと離れて、何もかも忘れて過ごしたかったのだろう。

与論島は鹿児島の南西約600キロ、太平洋に浮かぶ小さな島だ。沖縄のすぐ北側にあり、

実際、与論島の海岸からは沖縄本島を見ることができるのだが、1970年当時、沖縄はまだアメリカから返還されておらず（この2年後の1972年に返還）、与論島が、私たちがパスポートなしで行くことができた日本の最南端の地だった。

家を出る時に旅費として20万円ほど持参していた。アルバイトで稼いで貯めた金だった。金を稼ぐことには自信があった。デパートの地下でテナントとして営業していた海苔の販売店で働いていたのだが、ものを売るのが楽しく、朝から晩まで店に出ていても疲れることはなかった。そんな調子なので、仕入れをやっておけとか、在庫管理をしておけとか、あれもこれもと仕事を頼まれるようになり、気がつけばバイトが店長代理になっていた。

朝早くに出勤して店を開け、日がな一日売場で働いたあとは、店を閉めて在庫を確認し、それに応じて発注をする。売れた商品についても出納帳《すいとう》をつけて管理した。店の運営全般に関わるようになり、受け取るバイト代は、月に5万5000円ほどにのぼっていた。

大卒の初任給が5万円そこそこの時代だ。税金や保険料を引かれれば、受け取る額は4万円ほどだろう。それに比べてバイト代はまるまる懐《ふところ》に入る。学生の自分のほうが稼いでいる――そう思って悦《い》に入っていた。

とにかくそうして貯めた金が20万円ほどあり、それを全額旅費に充てたのだ。今の額に換算

与論島へ行く船にて。写真中央が一緒に旅をした田中君、右端が筆者

すれば100万円ほどになるだろう。学生にとっては大金であり、それを持ち出したので旅行中、金に困ることはなかった。

だが、私はどういうわけか与論島に着いたあと、商売を始めることにした。時間を持て余し、自分の思いつきが本当にビジネスになるのか試してみたかったのだと思う。

当時、与論島の海は少し潜るだけでいくらでも珊瑚を見つけることができた。それを採ってきては、宿泊していた民宿の軒先で売るのだ。観光客が喜んで買っていった。現在は、勝手に珊瑚を採ることは禁じられているが、当時は自由に採ることができたのだ。

漂白して売るのがコツだった。海中で見る珊瑚は緑色が鮮やかだが、水から揚げればなんの変哲もない木の枝にしか見えない。だが、漂白して真っ白にすれば、まるで大理石の彫刻か精緻な装飾品のようになる。

珊瑚の漂白には苛性ソーダを使った。ただ、きれいに仕上げるには、どうやら溶液の濃度や漬けておく時間など細かな条件をクリアしなければいけないらしい。島に水産大学の学生がいると聞いたので、訪ねていって加工方法を教えてもらった。

こうして毎日、泳いだり潜ったり遊ぶ合間に、浅瀬一面に広がる形のよい珊瑚を少し集めては、漂白して真っ白に加工した。掌《てのひら》にのるほどの大きさに小分けして、一つひとつに100円の値段をつけて、民宿の軒先に置いた。

朝に準備して、特に店番をするわけでもなく、一日中外で遊んで夕方に民宿に帰れば、商品はきれいになくなり、横に置いておいた缶詰の空き缶には金が入っていた。観光客には誰一人代金をごまかすような人はいなかった。

この話をすると、斉木は昔から商売上手だったのかと問われる。そうだったと言えなくもないが、社会人になってからこの経験が活きたかというと、それは疑問だ。

むしろこの時、意識していたのは、ひと手間かけて漂白して商品に付加価値を付けたことと、もう一つ、売れるからといって珊瑚を乱獲することはせず、一日10個に限定したことだろう。

大量に採って大量に陳列すれば、ありがたみは薄れ客は興味を持たなくなってしまう。だが、民宿の軒先にいかにもここだけの限定品とばかりに、ちょっとだけ置いてあれば、何やら価値のあるものに見えてくる。実際、毎日、100円の商品は必ず10個すべてが売り切れ、確実に1000円の売り上げがあった。

民宿の宿泊代は1泊2食付きで900円だったので、おつりがくる額だった。

多くの人に喜んでもらいながら、商売を持続させていく。この経験でビジネスの原点を学んだ——と、まとめたいところだが、このあと社会人となって関わっていくビジネスに比べれば、全く話にならないほど小さな商売だった。だがともかく、学生の頃からビジネスをあれこれ考えることが好きだったことは間違いない。

紆余曲折の末、山田ドビーに就職

与論島で3週間ほど過ごしただろうか。夏休みも終わりを迎えようとしており、さすがに家に帰らねばならなくなった。

約ひと月ぶりに家に帰ってみると、父は私の就職先を見つけていた。家を飛び出す直前、父に言い残したことを少しは気にしていたらしい。

見つけてきた就職先は、鋳物《いもの》の製造で使う珪砂《けいしゃ》を扱う地元の会社だった。

鋳物は金属を高温で溶かして型に流し込んで作るが、その鋳型の材料になるのが珪砂だ。高温でも変質せず、型くずれもしない組成の珪砂を供給している会社だった。確かに地元で働き続けることができ、父にとっては理想的だったのかもしれない。その会社で親戚の男性が専務を務めており、紹介してもらったようだ。

「わかった。そこへ行く」と、私はそっけなく答えた。

当時は、今のように職を探す手段がいくらでもあるような時代ではなかった。唯一、頼りになったのは大学の就職課だったが、何しろ推薦を断ってしまったのだ。さすがに顔を出す勇気はなかった。

覚悟を決め――というより、それしか道はないのだと珪砂の会社へ行く決心をしたが、それから事態はさらに一転した。

年が明け、卒業後の3月も半ば、その珪砂の会社の専務を務めていた親戚の男性が、「ウチに来るより、もっといい会社がある」と言い出した。ある大学の名誉教授であり、名古屋市科学館の館長を務めていた先生の紹介で、別の会社を紹介してくれるというのだ。

それが名古屋の山田ドビーだった。

ドビー機とは、織物を織る織機《しょっき》に装着する装置の名だ。ドビー機を付ければ織機だけでは不可能な柄を織ることができる。

日本では明治時代から使われていたが、それを国産化した先駆けの会社の一つが山田ドビーだった。創業者の山田喜太郎の名をとって社名にしたのだ。

1971年当時、繊維産業は最先端の分野だった。化学繊維の普及で市場は急拡大し、それにともない織機の需要も急増していた。

ドビー機を取り付ければ織れる柄が増え、商品としての繊維製品にさらに付加価値がつく。毛、化繊、綿など、繊維の種類を選ばずに使えたこともあって、繊維業界の会社は競うようにドビー機を買い求めた。

山田ドビーは、そのような時代のまさに最先端を走る将来性抜群の会社だった。実際にボーナスは、年間12カ月と愛知県内でトップクラスだ。親戚のつてでもあり、紹介していただいたのは大学の偉い先生だ。断るわけにはいかないだろう。

さっそく私は、面接だけ受ければいいからという親戚の男性の言葉を信じて、山田ドビーを訪問した。ところが実際に行ってみると、いきなり社長室へ通され、「1番さん」と呼ばれる人の目の前で筆記試験を受けさせられる羽目になった。

あとから知ったのだが、この会社では社員を名前や肩書ではなく、番号で呼ぶのが習慣だった。「1番さん」とはつまり社長のことで、私はいきなり社長の目の前で筆記試験を受けることになったのだ。

落ち着かない気分でなんとか答案を書き終えると、そばに控えていた人事課長がさっさと答案用紙を回収し、その場で採点を始めた。見計らったように1番さん――社長が話しかけてきた。

「君は……誰かな？」

開口一番、丸顔でニコニコした社長がそう尋ねてきた。当時、人気絶頂の落語家、柳家金語《きんご》楼《ろう》に似ているなと思いながら社長の顔を眺めたのを覚えている。

自分の名を告げると、「どや？　試験はできたか？」と、世間話でもするように話しかけてきた。これはもう面接なのだろうか？

「はい……、それは……」

なんと答えればいいのか言い淀《よど》んでいると、すぐ横で採点していた人事課長が割って入って、今しがた終えたばかりの私の試験結果を発表した。

「一般教養と英語は90点、数学は30点ですね」

数学の問題はおそらく中学レベルだったはずだが、ルートだの、その足し算だのかけ算だの、すべて忘れてしまっていた。何か言い訳すべきだろうか、と迷っていると、「まあしょうがねえわな、文系なんだから。数学なんかやっとらんもんな」と、社長が助け船を出してくれて、それで面接は終了した。

いや、これは果たして面接だったのか、それともただの世間話だったのか。数学の出来があまりに悪く、面接をするまでもないと切り上げられたのだろうか……。

釈然としないまま帰路についたが、家に帰ってみると「合格」の通知が届いていた。

こうして私は、山田ドビーで社会人としてのスタートを切ることになった。

第2章

メーカーのすべてを学んだ、山田ドビー時代

経済学科卒なのに、配属されたのは工場

大学卒業のギリギリ間際になって、飛ぶ鳥を落とす勢いで伸びていた地元企業への就職が決まったのだ。私は有頂天だったが、会社から見ればギリギリになって親戚のつてですべり込んできた人間である。やはりどこかに無理があったのだろうか、私の配属先は製造部門だった。

その年の新入社員は全部で53人にのぼった。当時の山田ドビーは700人ほどの会社だ。そこへ53人もの新人を採用したのだから、やはり会社の成長は相当なものだったのだろう。

新入社員のうち大卒は13人だったが、製造部門、つまり工場へ配属されたのは3人だけだった。私はそのうちの一人だったわけだ。当時、同社はドビー機を製造するための1万坪規模の製造工場を持っていたが、そこへ回されたのだ。

この会社では通常、事務系に配属が決まった大卒の新入社員は、入社から約3カ月間は実習として各部署を順に回っていく。あちこちの部署を短期間経験したあと、7月より正式に配属される。ところが私の場合、研修など何もなく、いきなり製造工場で働くことになったのだ。

これは同期の人間から後れをとったということなのだろうか。やはり卒業ギリギリの就職が

まずかったのか……。落胆気味に初めて職場を訪れると、さらに追い打ちをかけるような出来事が続いた。20番さんと呼ばれる工場長が開口一番、こう言ったのだ。

「斉木くん、それで機械加工がいいかね？　それとも組み立て？　どっちがいい？」

私は経済学科の卒業だ。どちらもやったことなどあろうはずもない。

当然、答えられずにいると、「手に職つけるんだったら、機械加工がいいよね」と、20番さんは勝手に書類に書き込み、呆然としている私に何事もなかったかのように作業着を手渡した。スーツにネクタイ姿でバリバリ働く姿を想像していた私としては、それもまた大きなショックだった。

大学で勉強したことなど全く無視され製造部門に配属されたばかりか、工場長にはあっさり（しかもかなり適当に）担当を決められ、これから毎日、作業着で過ごすのだ。

理想と現実のギャップに落ち込むことは、社会へ出れば誰でも経験することだろう。あとから考えればどうということはないのだが、当時の私としては、さらに同期から大きく引き離されたんだと思って落ち込んだ。実際、そうだったに違いない。

だが、それでも投げやりになるようなことはなかった。気持ちを切り替え、ひたすら仕事を覚えようとした。そうするしか自分に選択肢はなかったからだ。

大学１年生の時、兵庫県姫路市で行われたテニス部の夏合宿。写真上段左から２人目が筆者

大学のテニス部での経験を思い出した。豊橋のキャンパスから6キロ離れた神社まで走り込み、境内へ続く階段を何度も往復した。その後、また、6キロ走ってキャンパスへ戻り、最後の1キロはダッシュで仕上げた。それを3年間、雨の日以外の毎日続けたのだ。結局、4年になってもレギュラーにはなれなかったが、体力だけには自信を持てた。

当時、皇太子と美智子さんのエピソードで有名になったテニスだったが、大学の体育会はそんな華麗なイメージとはかけ離れ、上下関係が厳しく、しごきもあった。1年の時15人いた部員は、4年時には8人にまで減っていた。そんな中、自分は最後まで耐えたのだ。

とにかくここでも耐え抜いてみせる。そう決意して必死に仕事に取り組み3カ月が過ぎた頃、わずかだが光が見えたような気がした。

社内公募の案内が目に飛び込んだのだ。事務職に欠員が出て社内公募するという案内が掲示板に張り出されていた。上司には伝えないという但し書きもあった。この機会を逃すわけにはいかない。迷わず応募すると、すぐに採用された。7月になったばかりの頃だった。

同期の社員たちは、3カ月あまりの実習を終えて7月21日から新しい部署で仕事を始める時だった。私も応募した新しい部署に同じ日から配属されることになった。これで同期に追いつくことができるのではないだろうか。

オイルショックで昇格なし、同期から大きく後れて

工場では3日サイクルで計画生産を行っていた。それらの製造を滞《とどこお》りなく行うため、原料や資材を揃え、工場の稼働状況や空いている人員を見ながら生産の計画を立てて進捗管理していくのが生産管理の仕事だ。その中で私は資材の調達を担当することになった。生産計画にもとづき、資材や部品を取引先に発注し、それが間違いなく入っているのか管理する仕事である。

工場との連絡は頻繁にあり、そういう意味では工場との関係は近かったが、事務職には違いなかった。何しろ自分で希望した部署だ。懸命に働いた。

わずか3カ月とはいえ、工場で働いた経験もある。生産現場では思わぬ事態はつきものだが、その時も現場の様子をいろいろ想像しながら問題に適切に対処できたと思う。

これで同期の人間に追いついただけでなく、追い抜くこともできるに違いない。そう考えたが、現実は厳しかった。

この会社では通常、大卒の社員は2年で主任になり、さらに2年で係長に昇格する。そこまでは誰でも同じだったが、私の場合、2年たっても主任への昇格はなかった。

当時の生産管理取締役の言葉を今でも覚えている。

「ごめんな、斉木くん。○○君たちも昇格できなかったんだ」

取締役は、ほかの同期の社員の名をあげて説明したが、理由ははっきりとは言わなかった。

なぜか工場に配属された社員と生産管理の私だけが、昇格できなかった。

取締役は「来年は必ず主任にするから勘弁してくれ」とも言ったので、その言葉を信じた。

またしても同期の連中から引き離されてしまった。それでも、ずっと先を行く先頭集団を追いかけるつもりでその後の1年も懸命に働くと、私がいなければ資材課は成り立たないとまで言われるほどになった。――今度こそ認められるに違いない。

だが翌年、またしてもショッキングな出来事が起こった。オイルショックである。

１９７３年の秋、産油国による原油価格の値上げや生産削減が続き、日本の産業は大打撃を受けた。国内の景気は一気に冷え込み、山田ドビーの売り上げも急落してしまったのだ。

この年も私の主任昇格は見送られた。昇級もなかった。

結局、私が主任になれたのはさらに1年後、入社4年目のことだった。その時、同期の社員はみな係長に昇格した。

社長交代が転機、全身全霊を注いで作成した経営改革案が認められ

私が係長になったのは、それからさらに2、3年たってからだった。すっかり取り残されたように感じていたが、あきらめたわけではなかった。たとえ認められなくとも、目の前の仕事には全力で取り組む。それが私の信条だった。

そんな気持ちが通じたのだろうか、30歳を過ぎた頃、転機が訪れた。新しい社長に代替わりしたのだ。私より一つ上のまだ若い社長の体制になると、いろいろなことが大きく変わり始めた。

まず、職制が変更された。

従来、主任、係長、課長、次長、部長と職制が細かく分けられ、組織は典型的なピラミッド型になっていたが、それがサブリーダー、チームリーダー、グループリーダーと階層はシンプルになり、今でいうフラットな組織へと変わったのだ。

また、入社何年目だから主任に、係長に、という形式的な年功序列はなくなり、実績に見合った昇進や昇格を行う方針に改められた。そのため、社内では昇格と降格が大胆に行われた。同期の人間を見ても、係長からサブリーダーになったり、平社員へ降格した人間もいた。それまでには考えられなかった人事だった。

私はチームリーダーになった。実質的な昇格だった。やっと仕事が認められたのだろうか。新しい社長になってからは、歳が近いこともあったのか、私は何かと頼りにされるようになった。直接、仕事を頼まれることも増えた。経営改革案を考えろと指示されたのもその一つだ。

かつて日本の花形産業だった繊維産業は、１９８０年代に入ると製造の中心は中国や東南アジアに移り、日本の影は薄くなっていた。いや、はっきり言えば衰退期に入っていたというべきだろう。当然山田ドビーの事業にも影響は及び、繊維機械事業部が上げる利益はプラスとマイナスの境を行ったり来たりという状態が続いていた。かろうじて黒字を保っているのがやっとだったのだ。

繊維業界の苦況は会社全体の経営にも大きく影響し、新しい社長は思い切った改革に乗り出すことにした。職制や組織の変更はその手始めで、さらに突っ込んだ改革に着手しようとしたのだが、なんとその案を私に作れと言うのだ。

１週間後に経営改革会議を開く。それまでに資料を揃え、発表しろと言う。

いきなりの依頼で、しかも、なぜ自分なのかと唖然としたが、驚いている暇も惜しい。

各部門の売り上げ、利益の推移はもちろん貸借対照表（ＢＳ）や損益計算書（ＰＬ）などの財務諸表をかき集めて現状分析し、改革案を練り上げた。

１週間ぶっ通しで会社に泊まり込んで作ったのが、Ｂ紙と呼ばれる横約80センチ、縦１メートルの模造紙14枚にわたる改革案だった。当時はパソコンもワープロもなく、もちろんパワーポイントなど便利なソフトもない。大きな紙に書いて張り出し、説明するしかなかったのだ。

改革案といっても、目標値を定めて、シェアを伸ばす、在庫を減らす、コストダウンする、品質を高めるなどなど、言ってみれば当たり前のこと、経営としては極めて基本的なことばかりだった。むしろやれるかやれないかが問題であり、やり抜くための裏付けとしての資料を揃えた意味合いが大きかった。

とはいえ、当たれる資料は全部当たり、提案の根拠も数字に裏付けられた確かなものだ。自信はあったが、自分はただの中間管理職に過ぎない。果たして経営幹部たちがどれほど聞く耳を持ってくれるのだろうか。

会議当日は、役員や部長クラスが集まるかなり前に会議室に出向いて、14枚の資料を部屋の壁いっぱいに張り出し、お歴々が現れるのを待ち構えた。

プレゼン中は緊張でガチガチ、大汗をかきながら質問に答えるのもやっと。とても社長をはじめ、経営幹部たちの反応までうかがう余裕などなかったが、会議が終わり、部署の自分の席に戻ると社長から電話がかかってきて、ありがとうと感謝された。会社の冷蔵庫にすき焼き用の牛肉5キロを用意したので、持って帰って家族で食べろと言う。

どうやら合格だったようだ。

ほっと胸をなでおろし、1週間ぶりに家に帰ると、ゲッソリとした自分の顔が鏡に映っていた。体重は5キロほど減っていた。

2カ月半、半徹でカンバン方式を導入

1980年代も半ばになると、繊維産業の落ち込みはもはや誰の目にも明らかだった。山田ドビーの繊維機械部門でも、採算性を向上させようと、あらゆるてこ入れが試みられた。その中でも当時、特に大きな注目を浴びたのがカンバン方式の導入だった。

必要なものを、必要な時に、必要なだけ用意して製造する。そうすることで在庫を大幅に減らし、コスト削減を図るのが、カンバン方式の骨子である。

社長が山田ドビーの主要取引先だった豊田自動織機のトップに依頼して、指導員に来ていただくことになった。組み立て、機械加工、生産管理のそれぞれの分野の専門家3名を招いたのだ。生産管理課からは私を含めて4人が選抜され、生産管理の専門家から指導を受けることになったのだが、これがまた大変な仕事だった。

何しろ3人は、日頃から自分たちの工場でカンバン方式を実践している。ジャストインタイムの仕組みや考え方について、指導員自らの体験を交えた話を聞くことができ、カンバン方式がいかにすぐれた仕組みかがよく理解できた。

これはすごい。すぐに採り入れるべきだ。そう思い、大いにやる気になったが、いざ実践に移してみると、取り組まなければならない仕事量の多さに愕然とした。

カンバン方式は、部品や資材類にカンバンを付けて、「必要なものが、必要な時に、必要なだけ」あるようにする仕組みだ。だが、ただカンバンを作って各部品や資材に付ければ済む話ではない。自社の工場のラインの配置から、倉庫での5S（後述）、部品や資材の仕入れ先との調整など、生産の仕組み自体を根本から丸ごと変えるような大がかりな取り組みになった。

たとえば機械加工の生産ラインは、原材料が入ってくる入口と、完成品が出ていく出口が近接した「U字型生産ライン」に変えた。一人の作業者が、このUラインの工程内で検査も含めて部品が完成するまで責任を持って作る。不良品を出すことがなくなり、また、1個流しが実現するので作り過ぎを防ぐことができ、無駄な部品在庫をなくすことができる。

組み立てのラインでは、にんべんの付く「自働化」が求められた。ただの「自動化」では異常発生時でもラインは止まらずに進んでしまう。異常発生時にすぐにラインが止まるように、工程のあちこちに異常を検知する仕組みを取り付けたり、人がいつでもストップさせられるボタンを取り付けた。その場で問題を解決して、工程内で品質を作り込んでいくためだ。

我々生産管理部が担当した倉庫では、在庫を一切合切、整理し直すところから始める必要があった。

当時の工場の倉庫は幅が16メートル、奥行きが40メートルと、細長い体育館のような大きさだったが、中にはびっしりと棚が並び、自社工場で作る重く大きな鋳物製のドビー機の部品から、協力工場が製造する部品類、さらにボルトやナット、ネジ類に至る規格品まで、おそらく数万点に及ぶ部品や資材類が2段、3段と山と積まれていた。

つまり、ゴチャゴチャの状態だったのだ。

これら膨大な種類の部品や資材類のすべてにカンバンを付けていくのだが、その前に、まず5S（整理、整頓、清潔、清掃、しつけ）を徹底するところから始めなければならなかった。どこに何が置かれているのか、そこから調べ直し、整理する。必要ならば、部品類・資材類の置かれている場所も移動する。

きれいに整理整頓したあと、どの部品が、どのような頻度で使われているのかを把握し、それをもとに品番や品名、サイクルタイムや収容数、棚番などを記したカンバンを作っていく。

作業を進める過程で、各部品や資材の最低限の数も明らかになるので、必要な数だけ残し、それ以外はすべて捨てた。在庫は1年動かなければその価値は30パーセント減損する。無駄な在庫を持っていること自体、資産を減らしてしまう要因になる。

指導員は毎週、倉庫の一部を指さすと「あれは無駄やな」「これも無駄」とこともなげに言い放ち、「来週までにあそこの在庫を空にしろ」「この棚を空けておけ」と我々に宿題を出した。不要になった部品類はどんどん捨てた。ひと抱えもある重い鋳物の部品も、指導員の「熔かせ！」のひと言で熔鉱炉に投げ入れた。

とはいえ、こちらは日中、普段の仕事をこなし、夕方になってからカンバン方式導入のための仕事に取りかかっていた。あれをやれ、これをやれと言うのは簡単だが、言うほど簡単に進むわけがない。

「いくらなんでも……。来週は無理ですよ。できません……」

思わずそう口にすると、指導員の表情はみるみると険しくなり、「君たちの社長さんが頭を下げて、指導してくれと言っとんだぞ。それを……」と、右の眉毛を吊り上げ、目を見開き、「君たちはできんと言うんか。ふざけんな！」と、我々を怒鳴りつけるのだった。

「1週間、徹夜したって死にはせん！」

指導員はそう言い残すと、呆気にとられている私たちを残してさっさと帰っていった。是が非でもやらなければならなかった。

始めたのは5月1日だった。さぁゴールデンウィークだと浮かれていた気分はふっとび、それから地獄のような日々が続いた。

毎日、深夜まで作業を続け、休日も出勤し、約2カ月をかけてすべての部品のカンバンを作り上げ、部品ごとにカンバンのセットを完了し、試験運用を開始した。機械加工や組み立てなど、ほかの部署が担当していたところも同時に進行し、なんとか無事にカンバン方式を正式運用し始めることができたのは、7月20日のことだ。

全社の在庫は、金額換算でかつて2・0カ月分あったものが、約20日分にまで減らすことができた。従来の約3分の1にまで縮小したのだ。

2カ月半、くたくたになって取り組んだ甲斐はあった。

今、同じようなことをすれば、怒鳴り散らす指導員はパワハラと批判され、会社はブラック企業の烙印を押されるだろう。だが、それが当たり前の時代だった。

アメリカ企業への納品で「ホワイトハット賞」受賞

カンバン方式を取り入れた2年後、35歳の時に、生産管理課長と営業課長を兼務せよとの辞令が下った。課長になったのは、同期の中では私ただ一人。それまでは出世競争のドンジリを走っていたと思っていたのに、いきなりトップに躍り出たことで大いにあわてた。しかも、生産管理と営業の二足のワラジだ。やる気に火がついたことは言うまでもない。

翌年には販売会社への出向の辞令が下りた。大口の取引先であった日産自動車やトヨタ自動織機を担当しろとのこと。

生産部門から販売会社へ。経営のすべてを経験させてもらっているのかと思いうれしくなったが、一方では不安もあった。少し前にやはり販売会社へ出向になった先輩社員がいたのだが、結局、その会社に転籍することになり、本来ならもっともらえるはずの退職金を減らされてしまったと嘆いていたからだ。

私は別に金が惜しかったわけではない。そのまま販売会社へ転籍させられ、本社で働く機会が奪われるのがいやだったのだ。自分も先輩と同じ運命なのかと、行く末を不安視していたら、今度はいきなり社長から別の命令が下った。

営業の担当を持ったまま、生産管理課に戻って新しい仕事に就けという。転籍の話はどうやらなくなったようだ。だが、現場では難しい仕事が待っていた。アメリカの会社へ、ドビー機を5000台納入する仕事だった。

軍服の布を織っているアメリカの会社が、新たにプラントを建設し、紡績から軍服の布を織るところまで、すべてを行うことになった。そこで必要な織機類や関連機器を揃えるため、日本の大手織機メーカーをはじめ、7、8社に声がかかり、一斉に機械類を納めることになったのだ。山田ドビーにも5000台のドビー機の注文が入っていた。

アメリカから声がかかったことで、社長も大喜びだったが、不安はその納品だった。こちらでドビー機を梱包してアメリカへ送り、現地で織機に装着する。稼働するところまで責任を持たなければならない。だが、納品にはこれまでもけっこうトラブルがついて回っていたのだ。

生産部の係長時代、たびたび問題になっていたのが欠品の苦情だった。

当時の取引先は主に国内メーカーで、特に石川県の大手織機メーカーとの取引が多く、そのメーカーの客先までドビー機を直送することが多かった。

そこでは織機メーカーの据え付け員が設置を行うのだが、毎回厳重にチェックして製品を送っても、よく「据え付けのためのボルトが見当たらない」「ナットが足りない」「すぐに送ってくれ」などという電話が入った。そして我々は言われるまま、部品類を送っていた。

だが、こちらではドビー機本体はもちろん、組み立てや据え付けのためのボルト、ナット、ネジ類の小さな部品に至るまで、すべてしっかりチェックして送っている。部下も「絶対に欠品はないと思う」と断言するのだが、「先方がないと言っているので……」と、仕方なく対応していた。おそらく製品が届き、梱包を解く際、ダンボールや緩衝材、ビニール類などが散らかり、小さな部品類はその下に埋もれてしまうのだろう。

よく探してもらえれば見つかるはずだが、注文すればなんでも聞いてくれると、ろくに探しもせず気軽に連絡してくるようだった。たまにならともかく、毎回ともなればこちらの負担はばかにならない。なんとかしなければ――そう決心して用いることにしたのがチェックシートだった。

チェックシートには部品の品番、品名、その収容数を記し、イラストも描いて中に何が入っているのかひと目でわかるようにした。

梱包する際、製造ラインのライン長と品質補助の社員の2人がそれぞれ全く別々にダンボールの中身をチェックして、そのチェックシートに記録し、蓋の内側に貼り付ける。

さらに、梱包し終えたものの中から、品質管理の責任者がいくつかを抜き出してチェックする。もちろん、その結果もチェックシートに記録する。

つまり、梱包時の2人によるダブルチェックと、その後の抜き取りチェックの3重のチェックを行い、送り出すことにしたわけだ。

これでもう取引先に「足りない」とは言わせない。

だが対策を講じた直後は、いつものように電話がかかってきた。案の定、「部品が足りない」コールだった。私が直接、電話に出て丁重に説明をした。

「ウチは納品のシステムを変えました。ダンボールの蓋の内側のチェックシートをご覧ください。入っている部品類がイラストで描かれ、数量も書いてあります。梱包時はダブルチェックをし、さらに抜き取りのチェックと3重のチェックをしています。間違いなく入っています」

相手が話を理解できるよう、ここでひと呼吸おく。そして、「ぜひ、ダンボールの中を、もう一度、ご確認いただけませんか？」と念を押す。

ここまで言えば、電話口からは、「ああ、確かにチェックシートはありますわ」との言葉が返ってくる。

そこで、「部品も絶対にありますからお探しください」と畳みかけて、電話を切る。

それでもその後、何度か同じやりとりをしなければならなかった。5回ほど繰り返しただろうか。その後は、ピタリと電話は鳴り止んだ。山田ドビーに電話をしても、もう気軽に部品を送ってくれることはない。自分たちで探すしかないと、理解してもらえたようだ。

――アメリカの会社への納品の話を聞いた時、私が真っ先に思い浮かべたのが、それまで取

山田ドビー時代の筆者。愛車の三菱ランサーセレステと

り組んできたこれらのチェックの仕組みだった。同じことを徹底してやるしかない。

今回は一方的に送りつけるのではなく、現地にエンジニアを派遣し、据え付けまで責任を持つ。それでも地球の反対側だ。一つでも部品が不足すれば、届けるまでに時間を要し、作業は遅滞してしまうだろう。国内のように気軽に届けられるわけではないのだ。

信頼のおける社員を2人選んで、チェック要員として配置した。この類いの仕事は真面目で、忍耐強くなければ務まらない。目端《めはし》の利く人間というよりは、むしろ融通が利かないくらいの性格のほうが向いている。

また、チェックシートは、イラストや記号を用いて、文字が読めなくても理解できるように特別なものに改めた。こちらからエンジニアを派遣するとはいえ、実際に作業するのは現地のアメリカ人たちだからだ。

念入りな二重チェックと、それにプラスして抜き取りでさらにチェック。この基本はそのままに、さらに厳密にルールを改め、それを忠実に守りながらチェック。こうしたチェックを経ている旨もしっかりと記録した上で、製品を送り出した。

果たしてうまくいくのか。

据え付けが無事に終わったとの報告を受けた時は、胸をなでおろした。何事もトラブルは起こらなかったのだ。

それだけではなかった。先方のアメリカの会社がその仕事を大いに認めてくれて、なんと表彰してくれることになった。

新しいプラントのために、世界に名だたる企業が何社も参加していた。それらそうそうたる面々を抑え、山田ドビーが最優秀賞の「ホワイトハット賞」を受賞することになったのだ。White Hat——直訳すれば「白い帽子」だが、善意の人とか、正義の味方を表す言葉だという。

納品にも品質があり、それが高く評価されたのだ。社長が飛行機で現地へ飛び、誇らしげに記念の盾とホワイトハットを受け取ってきた。

一度は断ったもののメルコへの転職を決意

38歳の時に、繊維機械事業部の次長になった。会社の主要部門であることに変わりはなかったが、繊維業界全体の落ち込みはもはや止めようもなく、山田ドビーの繊維機械部門も赤黒トントンといった状況が続いた。

そのため繊維機械事業部は1986年に尾西《びさい》工場（現・一宮市）から岩倉工場の東側へ事業部を移転し、再出発を図った。私の新しい仕事もそこで始まることになったのだが、環境は厳しいものだった。

岩倉鋳造工場で作られていたのが、繊維機械のドビー機やプレス機器の部品となる鋳物類だ。鋳物は金属を溶かして鋳型に入れて作るが、その際、細かな鉄粉が生じる。

風の強い日はそれが舞い上がり、特に冬ともなればこの地方特有の伊吹《いぶき》おろしが北西から吹きつけ、工場の粉塵を風下の繊維機械事業部の事務所や工場、駐車場に容赦なくたたきつけた。風にあおられた微細な金属粉は、事務所や工場の壁、駐車している自動車の塗装をボロボロにした。

おそらく人間にも影響があったと思う。

私は、移転1年目は鼻の奥がぐずぐずとむずがゆく、突然、なんの前触れもなく真っ茶色の鼻水がボトボトとこぼれた。鼻血ではない、真っ茶色の鼻水である（尾籠《びろう》な話で申し訳ない）。おそらく金属アレルギーだったのではないか。これでは命がいくつあっても足りないと思ったものだ。

ところが、人間の適応力にはものすごいものがあるようで、2年目になると私の症状はすっかり治まり、工場内だろうがどこだろうが、平然と過ごすことができるようになった。

40歳になると、繊維機械事業部の製造部長に昇格した。繊維機械部門のナンバー2であり、部下は80人ほどになった。この歳で部長に昇格したのは、会社では初めてのことだった。

製品の機械加工や組み立て、資材の調達、品質管理、品質保証、現場の人員の採用などなど、開発以外の一切を担当することになった。経営会議のための資料作成も任された。

繊維機械部門の運営全般に携わるようになり、責任は重く、目を光らせなければならない範囲は格段に増えた。その一方で、やりがいもまた大きくなり、これまで以上に仕事に没頭した。仕事にもさらに集中できるようになったが、だからといって部門の安定した黒字化を実現する策が思い浮かぶわけではなかった。

そんな時のことだ。1991年6月、メルコへの転職を誘われた。

以前、私の同僚だった人間がすでにメルコに転職しており、役員になっていた。彼から、生産部門を強化したいのでぜひ来てくれないかという話を持ちかけられたのだ。事業が急拡大しており、人手が足りずに困っているという。

私は山田ドビーで生産管理をはじめ、生産関係の仕事に長く携わってきた。メルコならば、確かに自分の力を存分に発揮できるだろう。しかも、業界の将来性は抜群だ。山田ドビーからは、誘ってくれた人のほかにすでにもう一人がメルコへ転職していた。

ありがたい話ではあったが、その時はお断りした。山田ドビーの繊維機械部門を赤字のままにして、80人の部下を置いて、自分一人で逃げ出すわけにはいかなかったのだ。

だが、その年の10月、大きな転機が訪れた。中国の企業から、ドビー機5000台の注文が入ったのだ。繊維機械部門を黒字化できる千載一遇のチャンスだったが、簡単な仕事ではなかった。

かつて山田ドビーでは、1970年代のピーク時には、月産2400台のドビー機を製造していた。だが、それから20年、業界全体の不況のあおりで生産の縮小を余儀なくされ、91年当時の生産能力は、その10分の1以下の月200台がせいぜいだったのだ。

5000台を作るとなると、2年以上かかる計算になる。先方は遅くとも1年半でほしいという。要望に応えるには月産400台製造の体制を作らなければならない。

内作50パーセント、外作50パーセントと内外作区分を決め、組み立ては100パーセント社内で行うことにした。そのため岩倉工場の古い機械を撤去して、新たに製造機械を導入することにしたが、それには工場の床を掘り起こし、コンクリートの土台から打ち込み直す必要があった。

だが工事を始められるのは12月で、コンクリートは乾きにくく工事には不向きな季節だ。ほかにも心配事は多く、私の頭の中には月産400台体制をどう確立すればよいのか、そのことだけでいっぱいだった。

だが、そんな矢先に再びもとの同僚からメルコの転職の誘いの電話があった。メルコはその年10月に店頭公開を果たし、さらに伸びていくために人材を求めていたのだ。

転職の話は6月に一度断って以来、全く私の頭からは消えていた。だが、確かに今なら山田ドビーを辞められる。繊維機械部門は中国からの注文で黒字にできるのだ。不思議な感覚だった。〝縁〟とはこういうことを言うのだろうか。

メルコの創業者である牧誠社長（当時）と面接したのはその年の11月のことだ。

あの時のニコニコ顔の牧誠社長の顔が忘れられない。あれほどの笑顔を見たのは、あとにも先にもこの時だけだったかも……。

牧誠社長からは「1月1日から来てほしい」と言われたが、さすがに1月ではまだドビー機の増産体制は構築できていない。3月には必ず、と約束して再び仕事に戻った。

年が明けた1992年1月末、工事は無事に終了し、新しい工作機械の設置も完了した。月間400台体制が整ったのだ。それから約ひと月、フル操業でドビー機の製造を続けたところ、2月末には399台を作ることができた。

1台足りなかったとはいえ、月産400台体制が築けたのだ。この調子でフル稼働すれば、1年半で5000台を製造できる。繊維機械部門もこれから約1年半は、黒字になるはずだ。

私はメルコへの転職を決意した。全く違う分野へと進むのだ。

この時、山田ドビーからの引き止めは半端なものではなかった。人事部長がわざわざ本社から岩倉工場へ毎日出向き、私に張り付いた。

だが、私の決心が固いと知ると、「わかった。俺の仕事だから付き合え」と、1週間、昼食をおごってもらった。

本当に申し訳ない気持ちだった。

第3章

不夜城「メルコハイテクセンター」での燃える日々

同じメーカーなのに、これほど違うとは……

１９９２年3月、43歳の時に私はメルコ（現在のバッファロー）で再出発することになった。山田ドビーではそれなりに実績を上げ、繊維部門のナンバー2にまでなっていたが、ここではまだなんの実績も上げていない。自ら希望して平社員として入社した。

名古屋市南区にできたばかりのメルコハイテクセンターで、開発生産部生産管理課外注管理係という役割を得て働き始めた。生産管理の仕事は馴染みのあるものだったが、それにしてもパソコン周辺機器の世界は、何もかもが異質に感じられた。

まず、市場の規模が異様なほどの勢いで膨らんでいた。

私が入る2年前のメルコの売り上げは67億円だったが、その1年後には１１０億円になり私が入った１９９２年には、従業員約１５０人で１５０億円を売り上げる見込みだった。とてつもなく急成長していたのだ。縮小していた繊維業界と比べればその差は歴然としておりり、その勢いに圧倒される思いだった。

そればかりではなかった。私がかつていた山田ドビーとメルコとでは、同じメーカーといっても、製品もその開発過程も何もかもが異なっていた。

山田ドビーで作っていたドビー機は100キロも200キロもある製品だった。

一方、当時のメルコの主要製品はパソコンのメインメモリで、指先でつまめるほど軽く、扱いを間違えれば簡単に壊れてしまいそうな製品だった。

見かけの違いもさることながら、製品の開発や納品後の行く末もまるで違っていた。

ドビー機の場合、1年に一度のペースで新製品を出し、70年代のピーク時では月産2400台ほどに達していた。自社で設計・製造をし、いったん織機に据え付ければ、少なくとも10年、20年にわたって使われていた。

一方、メルコのメインメモリの開発は、パソコンの発売に合わせて四半期に一度の頻度でなされ、製造はメルコの創業者・牧誠社長の方針で、全くファブレス（工場を持たないこと）で行われていた。

メインメモリは使われてもせいぜい数年、下手をすれば新しい製品が出るたびに、旧製品のライフサイクルはそれで終わり、ということになりかねなかった。

実際、新しい製品を世に出しても、すぐにまた次の新製品の開発が始まる。その間、すでに出したメモリの価格はどんどん下がり続けていく。需給関係で価格がまた上がることはないわけではないが、たいていはそのままライフサイクルを終えることになる。そしてまた新しいパソコンの登場とともに新しいメモリが開発され、別の新しいサイクルが生まれていく――。

いくつものライフサイクルが並存していくが、製品は性能も価格も生産量も、毎回大きく変わるため、一つとして同じサイクルはない。同じ製品を同じように作るならば、自社工場でドンと構えて開発・製造という体制が向いているが、メインメモリの世界ではそれが成り立たない。

自らは設計やデザインに徹し、量産はもっぱら協力工場で、という牧誠社長のファブレスの方針は、このような製品の開発サイクルの短さと、製品そのもののライフサイクルの短さを考えれば、非常に理にかなったものだった。

牧誠社長は、製品の価格が下がっていく動きを先読みして、初めから製品を低価格で提供する〝フォワードプライシング〟という概念も打ち出した。これによってシェアを大幅に上げたのだが、このように「相場を読んで」販売価格を決めたり、メインメモリの材料となるDRAMの調達量や在庫量を調整したりすることが、この業界の大きな特徴でもあった。

メインメモリは、織機のように一度据え付ければ何十年にもわたって使い続けられる大型装置とは明らかに違うし、数年は使われる家電製品とも異なっていた。工業製品には違いないが、相場が絶えず変わる農作物か、賞味期限のある生鮮食品に近い感覚だろうか。

別世界に来た感じがしたのはこのためだった。

工場長の一瞬の隙をついて、からくも確保したカスタムIC

ファブレス――自社工場を持たないメルコが、製品を世に送り出すまでの経路は複雑だ。

メインメモリを例にとれば、メルコのエンジニアが回路を設計して基板のデザインを行い、基板メーカーに製作を依頼する。別の半導体メーカーから基板に乗せるＩＣ類を調達し、それらを基板とともにまた別の協力工場へ送り、そこで組み立てる。

自社のエンジニア、基板メーカー、組み立てのための協力工場などが一斉にわっと取りかかって作り上げる――そんなイメージだろう。どのメンバーが抜けても、どの過程が一つ欠けても、製品を完成させることはできない。

もっとも、自社のエンジニアには目を配ることができるし、協力工場も仕事の大部分はメルコからのもので無理を聞いてくれる。家族のような感覚だった。問題はＩＣ類の調達だった。

入社して1、2カ月たった頃だろうか。私は牧誠社長からいきなり呼び出され、ある半導体メーカーへ行くことを命じられた。「座り込みしてでも、持ち帰ってこい」と厳命される。製造を依頼したカスタムICのことだった。

当時のメルコの主要製品の一つが、パソコンのメモリを拡張するEMSボードだった。1980年代後半、メルコが先駆けて発売して大ヒット商品となっていたが、その後も改良を重ね、ロングセラーになっていた。作れば必ず売れる会社の稼ぎ頭と言ってもよい製品だった。

その部品の一つがカスタムICだ。既存のIC素子に独自にプログラムを組み込んだICで、その半導体メーカーに製造を依頼したのだが、一向に入ってこなかったのだ。

その会社の取引先は、日本の代表的な家電メーカーをはじめ、OA機器メーカー、パソコンメーカー、さらにメルコと競合するパソコン周辺機器メーカーなどなど、広範囲にわたっていた。

余裕がある時はこちらの注文通りにきっちりと製品を作ってくれるが、景気がよくなり忙しくなると、社風なのか工場のキャパを遥かに超える注文でもすべて受注してしまう。そのためたびたび納期遅延が起こっていた。

EMSボード用のカスタムICについても、注文した時は、「はい、わかりました」と快い返事をもらいながら、いつまでたってもでき上がる様子はなかった。

基板をはじめ、ほかの部品はすっかり揃い、協力工場もラインを空けていつでも組み立てられる万全の態勢で待ち構えている。しかし、そのカスタムＩＣがないばかりに、それらすべてのお膳立てがすっかり無駄になってしまいかねないのだ。

名古屋から特急「しなの」で約2時間、長野県の塩尻駅で中央線に乗り換え、上諏訪《かみすわ》で下車。諏訪湖が見渡せる湖畔に、その会社の本社と工場が隣り合うように建てられていた。

私は直接、工場へ向かった。

牧誠社長の命令通り〝座り込み〟してでも持ち帰る覚悟はあったものの、ことはそう簡単ではないことはわかっていた。

カスタムＩＣは、それなりの設備と技術者が揃った工場でしか作れない。ハードは既存のものだが、中身は独自に作ったプログラムが組み込まれている。メーカーが本気で作ってくれなくてはどうしようもない。脅したり、すかしたり、座り込みをしたところで簡単に手に入るわけではないのだ。

しかも、工場長はひと筋縄ではいかない人物だった。

工場に着くと、その工場長が直々に対応してくれた。先方も多少は申し訳ないと思っているのかと期待したが、そうではなかった。

工場長は、せっかくはるばる来ていただいたのですからと、私を工場見学へ連れ出すと、「この通り、今はフル生産が続いていて当面の間はほかの製造は無理です」と、さっそく言い訳を始めた。

ほんのわずかな可能性もないのだろうかと、目を皿のようにして辺りを見回しても、何も見つけられなかった。ただ、たとえ私が何か見つけても、私は半導体製造の専門家ではない。工場長にうまく言いくるめられるのがせいぜいだろう。

2人で応接室に戻ったあとも、「作ってください」と直球で勝負するしかなかった。だが、工場長は相変わらず「いや、無理です」と、かわすばかり。「とにかく生産に着手してもらわなければ」「それもいつになるか……」と全く埒があかない。

「作っていただくまでここを動きません」

私はついにそう口にしたが、それでも工場長は動じなかった。「いつまでいるつもりですか」と冷静な口調で聞いてくる。「今夜はこの会議室で泊まらせてください」――私はそこまで言ったものの、それでも工場長は動くとは思えなかった。

受注した以上、作るのはそちらの責任ではないか、と机を叩いて怒鳴りたい気持ちをぐっとこらえ、話題を変えることにした。

「ところで工場はここだけなんですか？」

そう聞くと、工場長は、私が話題を変えたことであきらめたと思ったのだろうか、「いや、東北に試作工場がありますす……」と、さらりと答えたのだ。

気が緩んでうっかり口を滑らせたのだろう。しめた！　と思って工場長の顔を覗き込むと、確かに工場長は〝しまった〟という顔をして目を逸らせた。

「だったら、その工場で作ればいいじゃないですか」

私はたたみかけた。試作工場といっても、製品を作る設備は揃っているはずだ。

「だけど、そこではこれから作るものを……」と、工場長はあれこれ言い訳を始めたが後の祭りだった。私はこの千載一遇のチャンスを逃すつもりはなかった。ここで初めて、受注した以上、あなた方には作って納める責任があると、強く出た。いつ使うかわからない試作品よりも、今、我々が必要としているカスタムＩＣを最優先で作るべきだと。

さすがに工場長は言い返すことができず、試作のための工場ですぐに生産に取りかかることを約束した。納期についても回答を得て、私は帰路につくことができた。

現場・現物・現実の三つの〝現〟を重視する「三現主義」を忘れずに実行すれば、何かしらの糸口を見つけることができる。絶対に無理と思えることでも、必ず解決へと行き着くことができる。

私は「三現主義」の重要性を、この時も強く実感した。

プリンタバッファの修理で実績。1年で大出世

業界はものすごい勢いで膨らみ、少しでも目を離すとあっという間に状況が変わっていく。入社当初はそんな世界に驚き、取り残されないことばかりに気を取られていたが、やがて冷静にものごとが見られるようになると、メルコは急成長ゆえに会社の体制が追いつかず、組織として当然あるべき機能が備わっていない、ということがわかってきた。

入社2カ月目の1992年5月、私は品質管理係長を命じられると、すぐにまた牧誠社長から直接、指令が下った。市場から返品されたプリンタバッファ約700台を、2カ月で修理しろという。

パソコンのメインメモリと並んで、当時、メルコの主要製品だったのがプリンタバッファだ。

パソコンの性能は今よりもずっと低く、プリントしている間にパソコンは動かなくなってしまっていた。そこで、プリントのデータを一時保持することで、パソコンを使い続けられるようにしたのがプリンタバッファだ。文字通り、パソコンとプリンタの緩衝《かんしょう》（バッファ）の役割を果たす。

通常、製品の不具合はCS——カスタマーサポート部門が対応し、修理もそこで行うのだが、それができずにどんどん不良品がたまっているという。

当時、プリンタバッファは1台5万円ほどの価格で、年間約6万台売れていた。つまり、年間の売り上げは30億円にのぼり、その年の全体の売り上げ１５０億円の2割ほどを占めていたわけだ。

残りの8割はメモリ類が売り上げていたが、すでに触れたように価格が下がることを見越して供給していたため、利益率は低かった。

一方、プリンタバッファの粗利は50パーセントほどで、しかも安定していた。実質的に会社を支える製品だったと言っていい。

５万円の製品が７００台不具合ならば、３５００万円が眠ったままということになる。なんとしても直さなければと思ったものの、私自身そんな知識や技術を持っているわけではなかった。何しろ経済学科卒なのだ。

係長になって部下2人を持つようになり、そのうちの一人は技術系だったが、専門のカスタマーサービス部門でも直せなかったのだ。社内の人間は当てにできない。いったいどうすればよいのか？　頭を抱えていると、牧誠社長は協力工場から一番優秀なエンジニアを連れてきて、修理すればいいと言う。

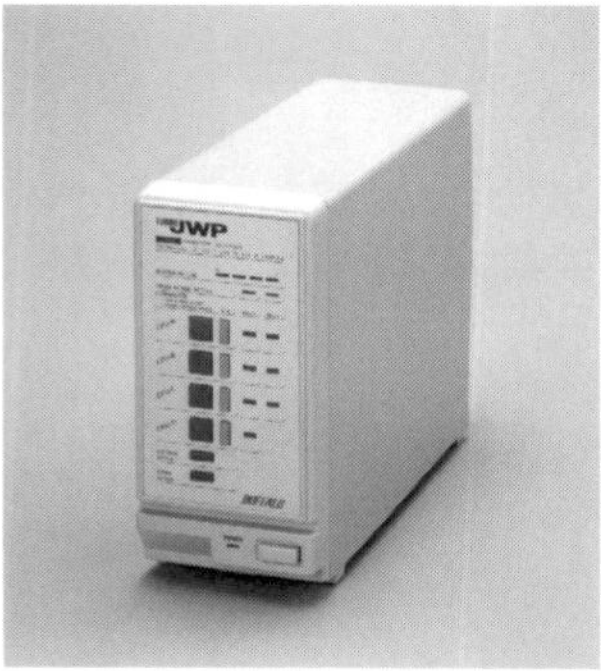
プリンタバッファ「TURBO-Jシリーズ」（1991年発売）

他社の人に働いてもらうとなれば、それなりの報酬を支払わなければならないだろう。そんな予算はない。どこから捻出すればいいのか？　すると牧誠社長は、お金を払う必要はなく、「修理で得た知識を『トラブルシューティング集』としてまとめ、それを報酬として手渡せばいい」と、あっさりと言う。報酬は技術で支払う、というのだ。
この先、同じようにプリンタバッファに不具合が生じれば、その協力工場に修理を依頼すればいい。エンジニアが持ち帰った「トラブルシューティング集」にもとづき、しっかり修理してくれるだろう。

本当にそれで応じてくれるのだろうか？　半信半疑のまま協力工場7社に当たると、意外にも全社、快く引き受けてくれることになった。そして、7社から7人の優秀なエンジニアが集まると、なんとか2カ月で、700台のプリンタバッファの修理をやり終えることができた。

修理代や謝礼は一切出さなかった。2カ月間、エンジニアたちが宿泊したホテル代も各社持ちだったと記憶している。当初の予定通り、「トラブルシューティング集」を持ち帰ってもらっただけだった。

だがその後、プリンタバッファの修理ばかりでなくメルコの製品に不具合が生じると、これら7社に修理を頼むことになった。もちろん有償で、である。7社にとっては「修理」という新しい事業が仕事になったことになる。

日常的に「修理」を依頼する関係ができれば、新製品の組み立てという本来の仕事も依頼しやすくなる。実際、これら7社の協力工場の仕事は増えていった。自然に増えたというよりも、牧誠社長はプリンタバッファの修理の件をしっかりと覚えていて、意識的にこれらの協力工場へ仕事を依頼したのだと思う。厳しい面ばかりが目立つが、受けた恩にはしっかり報いる人なのだ。

協力工場にしてみれば、確かに優秀なエンジニアを一定期間、まるで他社の社員のように自由に使われたわけだが、その後、それを補って余りあるものを得られたことになる。「損して得とれ」という古い言葉があるが、協力工場の経営者たちはそれをしたたかにやってのけた、ともいえる。

長期的に、win-winが実現したと認めざるを得ない。強引なようで実は合理的、常識にとらわれない牧誠社長の柔軟な発想に触れた思いだった。

牧誠社長からは毎週2時間の電話
——小さな組織だったから団結力があった

入社わずか数カ月で次々と仕事を任され、全く新しい世界で仕事をこなしていくことは興奮の連続だったが、一方では、胃の痛むようなことも始まった。毎週、牧誠社長から必ず電話がかかってくるようになったのだ。通話は毎回2時間にも及んだ。

受話器を耳に当て、牧誠社長の第一声が「もしもし、斉木さん?」と、語尾が上がっていれば問題はない。何か疑問が生じ、それに答えれば納得してもらえるはずだからだ。

だが、「もしもし、斉木さん? 牧だけど……」と語尾が下がっていれば、用心しなければならない。気に入らないことがあったことは間違いない。叱責されるのか、罵倒されるのか、はたまた罵詈雑言を浴びせられるのか。決して気を抜けなかったのは、機嫌がよい時は滅多になく、大方が不機嫌だったためだ。

牧誠社長が電話をかけるのは、二つの目的があったように思う。

一つが、自分が疑問に思ったことは、すべてその場で解決しておきたかったためだ。何か思いついたらその場ですぐに誰かれ構わず電話を入れ、〝ジャストインタイム〟で知りたがった。そして少しでもおかしな点、納得できない点があれば容赦なく追及した。

私に対しては、在庫管理や生産管理について疑問が生じて電話をかけてくることが多かったが、疑問や興味が製品開発に関わることであれば、技術的なことについてやはりエンジニアが2時間びっしり質問を受けていた。

もう一つの目的が、転職者が無意識に引きずっていた前職のカルチャーを払拭することだった。私をはじめ部長や役員には転職者が多く、ついつい前の会社のことを持ち出してしまうことは多かった。だが、それでは会社はバラバラになってしまうことを牧誠社長は直感していたのだ。

業界はものすごい勢いで大きくなり、メルコは創業以来、毎年、倍々で売り上げを伸ばしていた。大嵐の中で、小さな船の舵取りをしているようなものだ。わずかな判断のミスも許されない。少しの疑問も放ってはおけない。少しでもおかしな方向へ向かおうとする社員がいれば、それだけで全員が荒波の中へ放り出されてしまうだろう。急成長する会社のトップに課せられた重圧の発露でもあったわけだ。

当初はそんな事情もわからず、いったい何を聞かれるのか、何について怒鳴られるのか、戦々恐々としながら受話器を取り上げていた。いきなり「斉木さん？　あんたねえ、ワシをなめとんのか!!」と大声で罵倒され、心臓が凍る思いをしたこともある。

だが、その後は徐々にいくぶんは落ち着いて対応できるようになった。

とはいえ、どのような電話であっても2時間ともなれば受話器を持ち続けるのもつらい。手はしびれ、左手から右手へ、そしてまた左手へと持ち替えるのだが、タイミングを間違えると牧誠社長の言葉を聞き逃してしまう。そしてまた「まじめにやる気があるのか！」と怒鳴られるはめになる。

かつて私が転職しようとしていた時、面接時にニコニコ顔で出迎えてくれた牧誠社長の姿はどこにもなかった。経営に専念する全くの別人がいた。

社員の中には、東大をはじめ一流大学を卒業した人間や、大企業から転職したそうそうたる経歴を持つ人たちがいたが、牧誠社長に責め立てられることが耐えられなかったのか、辞めていった人間は多い。プライドが許さなかったのだろう。どんなに優秀な人間であっても、断崖絶壁の前に立ち、そこを駆け上がろうという創業者のエネルギーにかなう人はいなかったように思う。

胃の痛むような毎週の電話だったが、電話を受けているのは課長以上の中でもわずかな人間であり、牧誠社長から目をかけてもらっていることは間違いはなかった。

だから私は毎回話が終わると、必ず「ご指導ありがとうございました」と頭を下げながら受話器を置いた。実際、毎回、殴り倒されそうな気分になりつつも、牧誠社長の言葉の中にどこかぬくもりがあったように感じていた。いや、自分でそう思い込もうとしただけだったのだろうか……。

入社数カ月で驚くことばかりだったが、決して気後れしていたわけではない。むしろ次々と襲ってくる荒波の中で泳ぎまくる快感を覚え始めていた。ただ、別の意味で疎外感はあったことも事実だ。

周りは入社したての新人からせいぜい入社3、4年ほどの若い社員ばかりだ。30代の社員も何人かいたがそれすら少数派だった。

平均年齢はおそらく25歳前後だったと思う。その中に突然、40歳を過ぎた私が入り込んだのだ。全く異質の存在だったであろう。

しかし、だからといって独りで片隅にいるような私ではない。同じ生産管理課の若い連中を連れて、夜の街へ繰り出すことにした。なんとかジェネレーションギャップを埋めて、彼らに近づきたい。同時に、やみくもに働いている彼らをなんらかの形でねぎらいたいという気持ちからだった。

メルコハイテクセンターは不夜城と呼ばれていた。みな、毎日、帰るのは終電だった。それを逃せばタクシーで帰ることになる。私も週に一度はタクシーを利用していた。終電を気にしなくてもいいようにと、電車通勤から自動車通勤に変えた社員もいたほどだ。

職場に泊まることも珍しくなかった。私もたびたび寝泊まりしたが、応接室のソファを使うことができた。みな、年配の私に気を遣ってくれたのだろうか。若い社員は、床に新聞紙を敷いてひと晩過ごしていた。そして翌日は朝9時からまた働き始めた。

歓楽街へ繰り出すメンバーは毎回入れ替わったものの、なぜか毎回8人ほどだった。8人で週に一度は寿司を食べ、クラブへ繰り出し、その金は私がすべて自分の懐から出した。

歓楽街の寿司屋では、毎週毎週、私たちが必ず顔を出すので、大将はまるで回転寿司みたいな値段で握ってくれた。

それでも私が使ったお金はかなりの額にのぼり、5カ月ほどそれを続けると、前の会社を退職する際にもらったお金は底をついた。だが、全く惜しいとは思わなかった。

私はあとから入ったとはいえ、メルコの黎明期に参加できたのだ。

毎日、次に何が起こるかわからない全く新しい世界で、自分がどれだけのことができるのか、確かめずにはいられなかった。

小さな組織では自分の役割が明確になるだけでなく、何をやっても面白く、そして何より強い団結力が生まれる。その中で働くことができたのは、非常に貴重な経験だったといえよう。

生産企画課長に昇進。社長から発注を一任され、過剰在庫にメス

7月半ばまでにプリンタバッファの修理を終えると、すぐに生産企画課長の辞令が下りた。春に平社員で入り、半年足らずで品質管理係長、そして生産企画課長へと昇進したわけだ。

生産企画課長になって最初に私が着手したのが、製品を作るための部品の在庫のコントロー

ルだった。それまでは営業に言われるままに製品を作っていたことで部品の大幅な過剰在庫が問題になっていたが、その状況を大きく変えた。

きっかけは、生産企画課長として予実検討会（現・経営会議）に参加するようになったことだった。

会議に顔を出し始めると、部品の調達や在庫に責任を持つ生産課長が、牧誠社長をはじめ上層部から「部品の在庫が多い」「過剰になっている」と絶えず責められていた。彼は山田ドビーで私の部下だったが、私より先にメルコに転職して、当時、メルコでは私の上司だった。

一方、営業管理課長とその上司の営業担当の取締役は、売上予算は達成しているし、製品在庫も予算内であるとうそぶいた。部品在庫が多いのは生産の責任だというわけである。

何か話がおかしい……。

私は、どんなに製品を増産したとしても、部品在庫のコントロールは可能だと指摘した。むしろ、このまま部品の過剰在庫を放置しておくわけにはいかない。放っておけば悪化するだけだろう。それは将来、必ずや大きな負担となって返ってくる。

そう指摘したが、営業の2人は、「いつ、注文が入るかわからず、入った時点で欠品になるのが怖い」「せっかくのチャンスを逃してしまうではないか」と、製品を売り上げるという大義名分を振りかざし、一向に聞き入れる様子はない。

牧誠社長に話をふっても、「営業としてはどれほど売れるのかはあらかじめわからないし、販売計画なんて当たることはない。営業が多めに計画を上げるのは当たり前のことで、しょうがない」と、部品の過剰在庫について叱責していたことは横に置いて、営業の言い分を認める口ぶりになっていた。

私は根本的な問題に気がついた。生産課長は作りたくとも作れず、部品だけが過剰在庫になっていたのだ。

製品の製造は発注点方式で管理されていた。あらかじめ発注点を定めておき、製品が売れて在庫が減り、発注点を割った時点で生産に取りかかる。これを守っている限り、製品在庫も部品在庫も一定の幅の中――適正な量に落ち着いているはずだ。過剰になることも、また欠品することもない。

ところが現実はというと、確かに製品は適正な在庫を保っているのに部品ばかりが過剰在庫になっていた。どういうことなのか？　営業が製品の発注点を自分たちの都合のいいように勝手に変えていたことが問題だったのだ。

私は会議が終わると、主要な製品30品目を選び出し、それらの過去3カ月間の製品の在庫量と部品の在庫量の両方の推移をグラフで描き、発注点の推移も記した。

すべて手書きだった。パソコン周辺機器の会社で働いていたが、私はパソコンを使えなかったのだ。

グラフは紙1枚では収まり切らず、結局A3用紙を6枚つなぎ合わせた長さ2メートルほどの横長の「巻紙」になった。

それを私は牧誠社長に持っていき、「会議では『しょうがない』とおっしゃいましたが、このグラフを見てください」と、牧誠社長のデスクに広げた。

製品在庫も部品在庫も、のこぎりの歯を思わせるギザギザが続く形を描いていた。製品を生産するたびに製品在庫は増え、注文が入るたびに減っていく。それが繰り返されて、のこぎりの歯のような形になる。

歯（刃）の大きさが揃い、全体で平坦に推移していれば、在庫コントロールができていることになる。だが、私が作ったグラフでは、製品在庫も部品在庫も歯の大きさが著しく乱れていた。月内の変動が大き過ぎるのだ。

私は、発注点のコントロールの仕方に問題があることを指摘した。

製品の製造は、発注点方式により毎日行われていたが、営業は欠品が怖くて大量に在庫を持ちたいため、月初めは発注点を勝手に高めに変えていた。そのため、月の前半はどんどん製品を作ることになり、製品の在庫量もまた跳ね上がっていた。

ところが、そのままでは製品は過剰在庫になってしまう。牧誠社長から怒鳴られることになる。そこで営業は月の後半になると、これまた勝手に製品の発注点を大幅に下げて、在庫がどんどんはけるようにしていた。こうすれば、いったん過剰在庫になった製品も月末には適正な範囲に収まる。牧誠社長に怒鳴られることはない。グラフでも、月半ばに過剰になっていた製品在庫は確かに後半は急激に減っていた。

製品の在庫だけに注目すれば、それでよかったのかもしれない。変動が大きいとはいえ、月単位で見ればなんとか適正範囲に収まっていたからだ。だが、とばっちりを受けるのは生産であり、部品在庫だった。どちらもコントロールできなくなってしまっていたのだ。

もう一つのグラフ、部品在庫を見てみると月初めは過剰だが、その後はどんどん下がり、月の中旬時点では適正在庫に収まっていた。月の初め、営業が発注点を高めに設定するので、どんどん作って部品を消化していくためだ。

ところが月後半になると、営業は発注点をぐっと下げるため、部品は入ってくるものの生産としては製品を作りたくとも作れなくなる。その結果、部品が過剰在庫になってしまう。

毎月末、製品は適正在庫に収まるのに部品ばかりが過剰在庫になっていたのはこういうわけだった。

発注点ルールをしっかり守っていれば、このようなことにはならない。前職でカンバン方式に取り組んでいた経験で、私はそう確信を持って言えた。だが、せっかく発注点方式を採っても発注点のポイントを好き勝手に動かしては、コントロールは不能になる。

牧誠社長はグラフを見ただけで、私の言わんとしていることをすぐに理解した。同時に、協力工場の仕事の波の問題も解決できると気がついた。

協力工場では、いつも月の中旬までは大忙しなのに、後半は閑古鳥が鳴くほど暇になっていたのだ。仕事の量を一律にならすことはできないかと、以前から打診されていたが、実現できないでいた。

発注点を守って製品在庫をしっかりコントロールすれば、製品在庫はもちろん、部品在庫も一定の幅の間にきちんと収まり、同時に、協力工場の稼働状況も安定したものになる。

牧誠社長は瞬時にそこまで理解すると、今後の生産計画は、私に一任すると言った。

これまでのように営業から口を出させるようなことはしない。私の裁量ですべてやれと言い切ったのだ。

第4章

熾烈な開発競争を勝ち抜いて
——生産部長時代

一度も負けなかった開発競争
――徹夜で設計、2週間で量産体制へ

入社から1年後の1993年5月、私は生産部の部長に昇格した。プリンタバッファやEMSボードの大ヒットで、メルコはパソコン周辺機器メーカーとしてはトップ企業として知られる存在になっていた。

パソコンのメインメモリでもトップを取り続ける。競合他社には絶対に負けない。私はそう決意した。

当時の日本のパソコンの市場は、NECがほぼ独占していた。四半期に一度、NECは新機種の発売をするのだが、その際には、パソコン周辺機器メーカーに声がかかる。メルコにも競合他社にも声がかかる。抜け駆けは許されない。

エンジニアを向かわせると、そこで時間を区切って新しいパソコンを調べる時間を与えられる。エンジニアはテスターを片手に念入りに新機種を調べ、大急ぎで会社に戻って新しいメインメモリの回路図の設計に取りかかる。さらにそれにもとづき基板のデザインを行う。

回路図は集積素子のつなぎ方を示した抽象的な図だが、現実の基板にするには表面に導電性

の材料をプリントして貼り付ける必要がある。いくつもの線が交わらないようにするには、基板を何層も重ねて立体的な配線を作らなければならない。アートワークと呼ばれる仕事だ。

エンジニアは早ければ徹夜で翌日に、遅くとも3日後までに設計とアートワークを仕上げると、CADで作ったその設計図のデータを基盤メーカーに送る。そこでは約1週間で基板を製造し終える。

こうしてできた基板と、別メーカーから調達した集積回路素子を、組み立てのための協力工場へ送り、量産体制に入るわけだ。

パソコンの実機を調査してから、メモリの量産体制ができて実際の製造が始まるまで最短で2週間。他社より一日でも早く出せば、それだけシェアを確保することができ、逆に遅れればシェアを奪われる。

メモリは販売した瞬間からどんどん価格が下がり、次の新製品が出る頃には底値にまで落ちる。その間約3カ月。その短い期間でシェアを最大限にするには、なんといっても最初のスタート――製品をどれだけ早く市場に投入できるか、にかかっていた。

そこで開発から量産体制までをいかに早めるかに全力を注いだ。

私が生産管理部の部長になって以降、メルコはいつもトップで製品を出した。一度も競合他社に遅れたことはなかった。それは誇りに思っている。

だが、急がせるあまり、時々設計ミスが発生した。ＥＭＳボードの開発ではたびたびそのようなことがあった。

アートワークを終えて基板メーカーへ送り、でき上がった基板をテストしてみて回路の設計ミスに気がつくのだが、もう量産への秒読みに入っており、やり直している時間はない。基板にジャンパー線をつないでなんとかしのぐことになった。もちろん性能にはなんら問題はない。その製品もまた大ヒットした。

スピードが何より重要だ。ユーザーは待っている。それをいつも肝に銘じていた。

素人の発想だからできた「蓋付き増設ＲＡＭボード」

生産部部長となってもなお、私は依然としてパソコンには素人も同然だった。だが、素人ならではの発想が功を奏することもある。１９９４年にメルコが出した「蓋付き98ＮＯＴＥ用内部増設ＲＡＭボード」もその一つだった。

1980年代初めに日本に登場したパソコンは、当初はマニアのための高額なおもちゃのような存在だった。だが、ハードの高機能化とともにソフトも出揃い始め、仕事のために導入する企業が増えて利用者も急増した。さらにパソコンの製造や販売に参入する企業も相次いだ。

各社が競ったのが、言うまでもなくパソコンの性能である。四半期ごとに既存の製品を上回る性能のパソコンが現れ、今もその傾向は続いている。

だがもう一つ、高性能化とともに当時、各社が競ったのが小型化・軽量化だった。出たばかりのパソコンはひと抱えもあるケースに収められ、ディスプレイやキーボード、マウスなどの付属品がセットになっていた。だが80年代半ばになると、それらを一体化したラップトップ型パソコンが現れ、80年代後半にはそれをさらに軽量化、スリム化したノートパソコンが登場した。

私が生産部長になったのは、まさにそのノートパソコンが各社から続々と登場し、話題になっていた頃だ。メルコでもまた、当然、ブームになりつつあるノートパソコンのための周辺機器開発を企画することになったが、その中でも期待が大きかったのが、ノートパソコン用増設RAMボードの開発だった。

メルコが得意とする分野であり、これまでもデスクトップパソコン用のものをどんどん売ってきた。当然、ノートパソコンでも需要は高い。

ただし、ノート用増設RAMボードにはTSOPという薄型のDRAMが必要だった。そのDRAMが全く入手できなかった。周辺機器メーカーにTSOPは全く回って来なかったのだ。

そこで牧誠社長は、デスクトップに使うSOJ型という厚みのあるDRAMで開発できないかと指示を出した。技術は頭を抱えた。

薄いTSOP型DRAMで作れば、製品をノートパソコンの底にスッポリと収めることができる。だが厚いSOJ型でははみ出てしまうのだ。

TSOP型DRAMを入手するめどが立ってから開発すべきではないか。いや、それではいつになるかわからない。

開発、営業を交えて侃々諤々《かんかんがくがく》の議論になったが、とにかく需要が高いのは明らかで、作れば必ず売れる。ユーザーも待っている。チャンスを逃すわけにはいかない。牧誠社長も入手可能なSOJ型DRAMで、なんとか製品を作り上げろという。

そこで私が提案したのが、専用の蓋を付けて製品化することだった。ノートパソコンをよく見たところ、四方に小さな脚がついており、底はわずかに浮いた状態になっている。多少、はみ出してもその隙間に収められればよいではないか。ただ、むき出しではいけないので、はみ出した基板を覆う専用の蓋を付けて売ればいい、という案だった。

対象となるノートパソコンは2種類あり、増設RAMボードはどちらでも使えたが、蓋は2種類必要だった。私は山田ドビー時代から知っていた刈谷《かりや》の成型会社に依頼して、1週間で2種類のプラスチックの蓋を用意すると、どちらのノートパソコンでも使えるようにと、初めから2種類の蓋をつけた製品を販売した。

この「蓋付き98NOTE用内部増設RAMボード」は大ヒット商品となった。

どうということのないアイデアだったが、誰も考えてもみなかったことだった。

それはそうだろう。

そんなものを取り付ければパソコンを改造したことになり、サポートを受けられなくなってしまう。ユーザーはそう思うに違いないと、我々は製品をいかにノートパソコンの底に収めるかに全力を注いでいたのだ。

だが、それは全くの杞憂だった。ユーザーはただただ便利で使いやすい製品を望んでいたのだ。

ずっとあとになって、競合会社の社長と顔を合わせた時、「斉木さん、あれはやられたね。だけど、あんな製品、ウチでは絶対に出さないよ」と言われた。

発想さえしなかった。いや、たとえ発想したとしても、作らなかったという。プロとしてのプライドが許さない。――そんなニュアンスだった。

プロや専門家としてとらわれていては、決して生まれない発想がある。ここでも、私の念頭にあったのは、「ユーザーは待っている」ということだった。

営業を押し切って10倍売った「パリティジェネレータ搭載メモリ」

1995年1月、メルコは名古屋証券取引所市場第二部に株式を上場した。

競合会社のアイ・オー・データ機器がジャスダック証券取引所に株式を上場するのは2004年になってからだが、振り返ってみると、パソコン周辺機器メーカーで上場したのは、この2社だけだった。

両社が飛躍できたのは、お互いに激しくしのぎを削ってきたからだ。

新しいパソコンが出るたびに、両社とも一日でも早くメインメモリを開発しようとし、パソコンを少しでも使いやすくする各種増設ボードでも激しく競り合った。異例のスピードで製品を企画・開発し、世界中から最も安い部品を調達し、価格を下げられるところまで下げて、消費者に提供し続けた。

過酷な競争を繰り広げたことで、両社ともに消費者から信頼を得られ、受け入れられたのだ。競争により製品や価格を磨いていく大切さは、たとえば日本の半導体メーカーを見れば明らかだろう。かつて半導体の製造は日本のお家芸だった。まるで独占していたかのような時期があり、それに甘えて各メーカーは製品を高値につり上げ、暴利を貪った。その結果、どうなったか。

新興国の多くのメーカーの参入を許すことになった。日本のメーカーがたっぷり利益を享受している隙に、それら新しいメーカーは、多額の投資によって高い技術を備えた製造拠点を着々と配備し、コストダウンに励み、高品質で低価格の半導体製造を可能にした。

世界規模で見るならば、現在、日本の半導体メーカーの多くはベスト10から消えていった。長年、ぬるま湯に

台湾の巴比禄股份有限公司の開所式（1995年）。左から2番目が牧誠氏（当時47歳）、右端が著者（当時47歳）

つかり、甘えてきたツケを払わされたのだ。

メルコハイテクセンターはまるで不夜城だったが、そこまで働いたからこそ、今日のメルコの地位が築かれたことは間違いない。

1995年当時のメルコも、パソコン周辺機器のトップメーカーとして、関連するあらゆる分野での拡大を図っていた。DOS／Vパソコン用周辺機器でもトップをねらい、その年、大幅なラインナップの拡充を図った。

かつて日本国内では、NEC製のパソコンが独占していたが、80年代に入ると相次いで他メーカーが参入し、1990年に日本IBMがDOS／Vパソコンを投入したことで、市場がさらに拡大することは間違いなかった。

周辺機器メーカーにとってはさらに大きなチャンスだった。DOS／Vパソコンは、世界共通のPC／AT互換機をソフトで日本語化したパソコンだ。周辺機器を作れば、国内ばかりか、世界中を市場にすることができる。

私は、この1995年の春、牧誠社長から役員になるように誘われたが、まだ、自分で何か仕事を成し遂げたという実感がなく、丁重にお断りした。

「いやいや、君しかいないんだよ」と懇願することもなく、牧誠社長は「あ、そう」と言うと、いとも簡単に引っ込めた。あまりにあっさりした対応に拍子抜けしたが、確かに牧誠社長らしい振る舞いだった。

上司からは「一度断れば、二度とチャンスはないぞ」とたしなめられた。確かに、牧誠社長の性格を考えればそうかもしれなかった。私は上場会社の役員になるチャンスをみすみす逃したのだろうか。だが、それでも構わなかった。私はまだ部長としての確固たる自信がなかったのだ。だが、その後、面白い仕事が続くことになる。

その年の8月、メルコが発売したのが「パリティジェネレータ搭載メモリ」だ。データを読み込んだり、書き出したりする際、その内容が正しいかどうかチェックする機能を通常のDRAMではなくカスタムICで実現したメモリのことだ。

パソコンメーカーの純正のメモリ製品は出ていたが、2枚組で6万円以上もした。企業での普及はなかなか進まず、一般の消費者にはなおさら手が出せなかった。

そこで、メルコでは、パリティチェックを擬似的に行えるカスタムICを作り、それを搭載した安価なメモリを開発した。正確に言えば、疑似パリティジェネレータ搭載メモリとでもいうべき製品だが、機能は純正品と全く変わらず、価格は純正品の3割近くも安かった。DRAMを用いた純正品に比べ、カスタムICはその5分の1の価格で作ることができたため、我々メーカーにとっても高い利益を取れる製品だった。

私はその開発を知った時、大ヒット商品になると直感した。だが、営業の計画では初回の製造は1万台程度という。いや、その倍は売れるはずだ。

そう確信した私は営業部長のもとへ行き、増産を提案したが、営業部長は「はいはい」と言いながら、わずか1500台増やしただけだった。15パーセントの上乗せだ。

そんな程度で済むはずがない。だが、その後、営業部長に何度かけ合っても、それ以上、手を打つつもりはなさそうだった。

彼らが言うには、この製品は「まがいもの」に過ぎなかった。消費者は、たとえ高くともホンモノのパリティ機能を積んだ、ホンモノの製品を求めるはずだという。すでにNECの純正品をはじめ、我が社からも同様の製品は出ていた。それらホンモノでもなかなか売れないのに、ましてや「まがいもの」が売れるはずがない。それが彼らの理屈だった。

いや、性能・機能は純正品と全く変わらず、しかも、価格が格段に安いのであれば売れる。何しろ純正品は2枚組で6万円以上するのに、同じ性能のものをウチは3万円台で売るのだ。

私は牧誠社長に直訴することにした。生産企画課長時代、部品の過剰在庫の原因を指摘して信頼を得て、製品の生産計画を一切任されていた。だから「パリティジェネレータ搭載メモリ」

について も、自分一人で判断して増産できなくはなかったのだが、牧誠社長の後押しがあれば、実現はたやすくなる。

私は牧誠社長に月4万台の増産を進言した。PC1台分2枚組なので、カスタムICは月8万個必要になる。だが、そのために必要な金型代は、わずか500万円だった。

「売れんかったらどうする?」と、牧誠社長は私の顔をのぞき込んだ。

実はこの製品、牧社長の肝入りで開発したもので、是が非でも売れと檄を飛ばされていたのだが、まさか5万台(最初の計画と増産分を併せて)も売れるとは牧誠社長自身、思ってもいなかったようだ。だが、私が「1年かけて売り切ります」と答えるとゴーサインが出た。決断は早かった。

私はさっそくメーカーと交渉に入ったが、納品は早くとも10月頭だという。

実際のところどうだったのか。

8月、二つのシリーズの「パリティジェネレータ搭載メモリ」の発売が始まると、注文が殺到し、たちまち受注残が積み上がっていった。当初の生産計画の1万1500台ではとても間に合わず、10月になって私が進言した4万台分が加わっても、それでも追いつけなかった。

さらに生産体制を見直して増産したものの、それから約8カ月間、注文に応じ切れない時期が続いた。

1995年といえば同じ11月にマイクロソフトから新しいOS、Windows95が発売された年である。12月のボーナス商戦にぶつけて、NECは当然、新しいパソコンをひっさげ、その販売に力を入れていた。そんな後押しもあり、「パリティジェネレータ搭載メモリ」はさらに売れることになった。

その後も注文は入り続け、その台数はのべ30万台ほどにのぼった。受注残が解消されたのは、翌1996年3月のことだった。粗利は、約30億円にのぼったと記憶している。

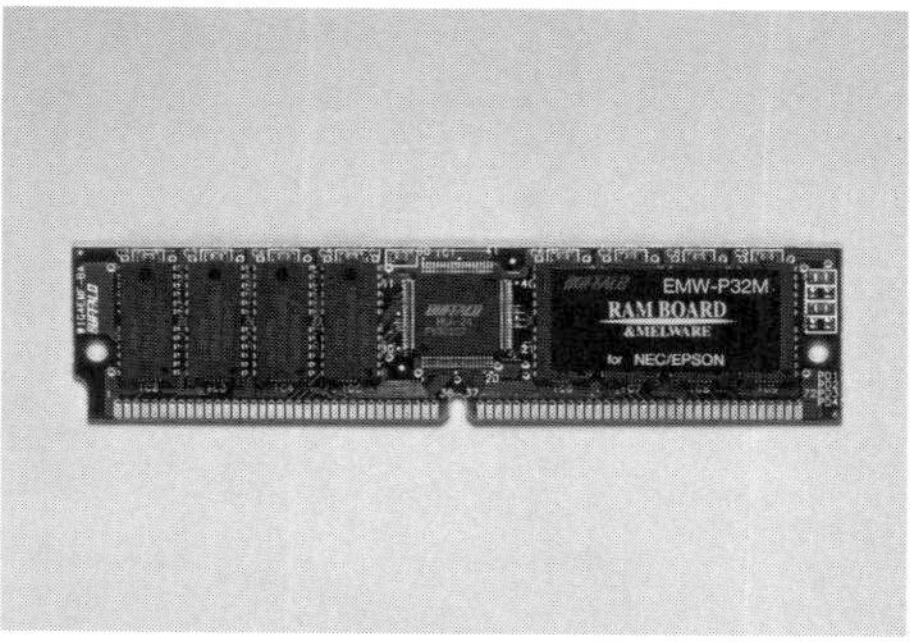

パリティジェネレータ搭載メモリ「EMF-Pシリーズ」「VMB-Pシリーズ」(1995年発売)

なぜ、そこまで確信を持って、「パリティジェネレータ搭載メモリ」は売れると言い切れたのか？　自分でも直感としか言いようがないのだが、ただ一つ確かなのは、ここでも私はパソコンの素人だったから、ということだろう。

パソコンに詳しい人間にとっては「ホンモノ」か「まがいもの」かが問題だった。いくら基本的な性能・機能は変わらなくとも、そこにこだわりがあった。

だが、ごく普通の人の感覚では、パソコンを高性能にできる製品が格安で手に入るとなれば、ほしいと思うに違いない。純正品よりも3割近く、我が社の同様の製品より5000円も安かった。

当時、パソコンは高価な製品だった。本体を購入するため、みな多額の出費を強いられていた。

それだけお金をかけたパソコンであれば、少しでも長く使いたい。性能を上げられる製品があれば、それもほしいが、パソコン本体に結構なお金を払ってしまった以上、周辺機器にかけるお金はできるだけ節約したい。

ごく普通の感覚として、誰もが感じることを、私も感じたまでだった。

牧誠社長の生産部への評価は高まる一方で、ボーナスも生産部全体へドカンと支給されることになった。

だが、部下への評価はABCを決められた割合で配分することになっている。50人ほどいた部下のうち、10人の新人すべてをC評価にして、残りの社員でA評価とB評価を分けて、なんとかつじつまを合わせた。だが、それだと、いくらなんでも評価のインフレであり、部下の一人は「どうして俺がAなんですか?」と、疑問を口にするほどだった。

「そうなんだよ。お前自身、そう思ってるんだよな。俺もおかしいとは思うんだが」とは口に出さず、「まあ、運がよかったんだな。お前らががんばってくれたので、こんなもらえるんや」と説明しておいた。

ともかく高い評価は、牧誠社長から強固な信頼を得た証《あかし》だった。部長である私への求心力が高まったことも間違いはなく、いっそう仕事はしやすくなったことは事実だ。

メルコは1995年8月に東京証券取引所市場第二部に上場し、ますます勢いに乗っていくことになる。

第5章

埋もれていた
ストレージ事業に光を

ゆがんだ業界を正した低価格HDD

1996年9月、メルコは東京証券取引所と名古屋証券取引所の第一部に株式を上場した。その年の6月、私は取締役に就任し、メルコが一部上場とともに事業部制を採るようになると、新しくできたばかりのストレージ事業部の部長を兼任するようになった。今度こそ役員になり、しかも、一線で事業を率いる立場になったのだ。

そもそもメルコでなぜストレージを扱うようになったのか。いかにも牧社長らしいエピソードがある。

メルコでストレージを扱うようになったのは、1994年2月、内蔵用ハードディスクの販売を始めたのが最初だった。

メルコは当時、旧型パソコンに周辺機器を取り付けることで、最新パソコン並の性能にパワーアップすることを考えていた。しかし、トータルで見積もりを作ると、なぜか最新のパソコンに買い替えるよりも増設する周辺機器の合計金額のほうが高くなってしまっていた。

メルコの調達力をもってすれば、世界中から最も安い部品を手に入れられるはずだ。なぜ、高くなるのか？　何がそれほど高くついているのか？　部品を一品一品洗い出していったところ、ハードディスクの価格に問題があることがわかってきた。

当時、すでに数社が外付けハードディスクを作っていたのだが、その小売価格はハードディスクメーカーの卸値の3倍にもなっていた。どうやら外付けハードディスクを製造するメーカーと販売店が、ごっそりと儲けているらしい。

この事実に気づいた牧誠社長は、烈火のごとく怒り出した。

業界は歪んでいる。自分たちが暴利を貪るため、消費者は不当に高いハードディスクを買わされている。もっと安価で快適にパソコンを使える環境を持てるはずなのに、それができないでいる。

ならば正してやろう。

これが、牧誠社長がメルコでハードディスクを扱おうとした動機だった。

メルコはさらに外付けのハードディスクを販売した。最初、ハードディスクドライブを他社よりも2～3割高く買わされていた。それを外付けハードディスクに加工するのだから、本来ならばケース代や加工賃を上乗せした価格で販売店に提供することになる。それを競合他社の半値近くで外付けハードディスクを提供し始めた。すると、当然驚くのが競合他社である。

メルコ製の外付けハードディスクに価格を合わせなければならなくなり、なんとか価格を下げて持ちこたえる企業、耐えられずに撤退する企業と市場は大混乱に陥った。一時は焼け野原のようにもなったが、ハードディスクで暴利を貪っていたところほど打撃は大きく、淘汰されることになった。その後、ハードディスクの価格は適正な価格に落ち着いた。

こうした意気込みで参入したハードディスクの市場だったが、その後のメルコの製品のポジションは決してよいものではなかった。

メルコが投じた一石で、業界全体が疲弊することになった。メルコも例外ではなかった。そんな隙をつくように、競合するパソコン周辺機器メーカーがスッと参入して、すべてシェアを持っていってしまったのだ。

その頃の牧誠社長の関心は、すでにハードディスクから少し遠のいていたのではないだろうか。もともと牧誠社長は、もっぱらメモリやその材料であるＤＲＡＭに関心が強く、自分で相場を見ながらＤＲＡＭを調達したり、調達したＤＲＡＭを用いた製品開発に携わったり、メモリ事業部のすべてを取り仕切っていた。

決してストレージに関心を失ったわけではなかったが、ハードディスク市場に一石を投じ、見事に適正価格での販売を実現させたことで、ひと息ついた気持ちだったのではないか。もっぱら興味はメモリばかりに寄せられるようになり、ストレージ事業はいわば放ったらかしの状態に置かれていた。

１９９７年の時点で、競合他社の外付けハードディスクのシェアは約40パーセント、それに対してメルコは約25パーセントと、大きく引き離されていた。

2GB・HDDディスコンを機にシェア逆転

こうして１９９７年10月、社内では決して存在感があったとはいえないストレージ事業部を私は任されることになった。なんとか目に見える形で成果を上げたい――。競合他社からシェアを奪い取り、トップに立つのだと心の中で誓った。

就任早々、絶好のチャンスが訪れた。外付けハードディスクに用いていた２ＧＢ（ギガバイト）のハードディスクが、ディスコン（生産中止）になるというのだ。

今でこそハードディスクはＴ（テラ）単位の容量だが、97年秋当時の主流の外付けハードディスクの容量は２ＧＢであり、接続はＳＣＳＩ（スカジー）だった。それが最先端だったのだ。

4GBのハードディスクはすでに販売されていたが、価格は一般の消費者には手が届かないほどだった。また、2GBのハードディスクも販売店での売価は3万4800円と、こちらも広く普及するにはいま一歩の価格だった。

今も昔も、ハードディスクメーカーは容量を増やすことに力を入れている。それだけ技術が急激に進化しているわけだが、ハードディスクをはじめストレージ製品は出した瞬間から価格が下がり始めるため、次々と容量の大きな製品を出し続けなければ、メーカーがやっていけない事情もある。

4GBのハードディスクもいずれ価格は下がっていくだろうが、まだ先の話だ。むしろ、1997年秋、ハードディスクメーカーから現行の2GBのハードディスクをディスコンにするという情報が入ってきた時、私はこちらに大きなチャンスがあると直感した。

量販店や製品開発に携わる我々周辺機器メーカーであれ、製品を購入する一般消費者であれ、一般に関心があるのは容量の大きな製品であろう。4GBのハードディスクばかりに関心を払い、ディスコンとなる2GBの現行品について興味を持つ人はまずいない。

いや、関心がないわけではない。4GBの価格が下がり、多くの人の手に届く範囲に入れば、2GBは売れなくなってしまう。不良在庫にならないように早く処分しなければ……。そういう意味では、在庫を持つメーカーや量販店をはじめとする小売・流通業は関心を持つだろうが、古くなる製品をシェア拡大の武器にしよう、というような発想を持つことはまずないだろう。

だが、そこが大きな盲点だった。

私はさっそく牧誠社長のもとへ行くと、「15億ください」と依頼した。牧誠社長は驚き「何に使うのか？」と当然、聞いてきたが、私が理由を説明すると、即座にゴーサインを出してくれた。

私はすぐに、商社の担当者とともにシンガポールのハードディスクメーカーへ出向き、交渉を開始した。新しい4GBのハードディスクについてではない。ハードディスクメーカーがディスコンにしようとしている2GBの現行品を一切合切調達するためだった。

在庫はどれほどあるのかと尋ねると、10万台ほどだという。それを1台1万5000円で買い取りたいと交渉した。計15億円分だ。従来よりも3000円、17パーセントも安い価格だったが、先方は飲んだ。処分することしか頭になかったからだ。

4GBが値下がりして一般の人に受け入れられていくのは98年春以降になるだろう。それまで半年足らずだが、その間、まだまだ2GBは売れる。私はそう読んだ。

メルコが1台1万5000円で仕入れられるのであれば、店頭価格を5000円安い2万9

800円にできるだろう。この2万9800円という価格は、大ブレークする価格帯だった。消費者は大喜びで買い、量販店も我々も十分な利益が得られる。実はストレージ事業部長に就任当初から、私はハードディスクを2万9800円で売るチャンスをねらっていた。今がその時だった。

その年の11月初め、我々は第一段階として、量販店に対して従来よりも3000円安い仕入れ値で提供を開始した。つまり店頭で3万4800円の製品を、3万1800円で販売できることになる。それだけで量販店は大喜びだった。

一方、競合他社は大いに焦ったはずだ。安い同じ製品を仕入れようとしても、我々はすでにハードディスクメーカーと交渉して2GBの製品はすべて押さえている。ディスコンの情報は当然、競合他社にも入っているだろうが、彼らは通常の価格で、しかもわずかしか手に入れていない。我々に対抗しようにも、その高く仕入れた在庫を値下げせざるを得ない。つまり、利益を削らなければならなくなるのだ。

我々が月初めに値下げに踏み切ったことも絶妙だった。業界では月単位で予算を組み、売り上げを管理している。予算達成のため、月末に量販店に品物を「押し込む」傾向があった。月のノルマを達成したいため、無理にでも売り上げを作るわけだ。

なんとか月末までに製品を量販店に「押し込み」、目標を達成してほっとしたところに、月初になって従来価格よりも3000円安い我々の製品が現れる。もちろん、それに対応しなければならないが、量販店に大量の製品を「押し込んだ」ばかりだ。まだ量販店の倉庫に眠っているそれら大量の製品の販売価格をまず、下げなければならない。そのため1台3000円分、量販店に補塡しなければならないのだ。

せっかく前月分の利益を確保したばかりなのに、それを削らなければならなくなる。もともと計画になかった補塡だ。赤字になる可能性も出てくる。

販売価格を維持したままという選択もあるが、そうなると売場で消費者がどちらを選ぶかは明白だろう。安い我が社の製品が売れていくことは間違いない。

利益を取ればシェアを失い、シェアを確保しようと販売価格を下げれば、前月せっかく稼いだ利益を捨てることになる。どちらかに決められず躊躇していれば、その間に我々はどんどんシェアを奪っていく――いずれにせよ安売り合戦に応じざるを得ない。

実際のところ、競合他社はひと月後の12月初め、我々と同じ価格で製品を出してきた。だが、我々はその時さらにもう一段階、価格を下げた。2000円仕入れ値を下げて、販売価格をついに2万9800円にしたのだ。

マラソンで先頭ランナーに追いつこうとスパートをかけた瞬間、先頭ランナーもスパートをかけ、逆にどんどん引き離されていくような感覚だろう。2番手以降のランナーは走る気力をなくしてしまう。

我々が仕掛けたのがまさにこの方法だった。予想通り、2万9800円にすると売り上げは急上昇し、ひと月ほどでシェアは完全に逆転した。その後も我が社のシェアは拡大する一方だった。以降、我々のポジションは不動のものとなった。

いったん量販店の売場を自社製品で埋め尽くせば、翌年春になり新製品の4GBのハードディスクが主流になっても、ポジションを明け渡すことはなかった。量販店にとっても、消費者にとっても、外付けハードディスクといえばメルコ。売場を埋め尽くした我々の製品により、しっかりとその認識を浸透させることができたのだ。

この戦略により、我々は外付けハードディスクでトップシェアを取れただけではなかった。利益も10億円を超え、メモリ事業部のそれを超えることができた。

あれほどストレージには無関心だった牧誠社長も、関心を払わずにはいられなくなった。やっとストレージに光を当てることができたのである。

ＳＤＡＴ方式採用ハードディスクで競合を突き放し

製品が一新する時は、販売にとっては状況を変える大きなチャンスになる。技術が大きく進展したり、規格がガラリと変わる時ならばなおさらである。誰もが新しい製品や新しい技術、新しい規格に目が向きがちだが、それとは違う視点を持つことができれば、全く別の世界を開くことができる。

消えゆく製品、古い製品に注目してシェア逆転に成功したのが2GBのハードディスクの事例だったが、その直後にも同じように古い技術に注目して成功した例がある。ＳＤＡＴ（SCSI Directed ATA Transfer）方式の外付けハードディスクだ。

１９９７年当時、メルコの外付けハードディスクは、ＳＣＳＩ（スカジー）接続でパソコンとつながれていた。内蔵しているハードディスクがそもそもＳＣＳＩ接続だったので、それをケースの外まで延長させていたわけだ。

だが、その後、ハードディスクそのものはＩＤＥ接続が主流になっていった。もともとハードディスクは、パソコン内に収めることを前提に作られている。ＩＤＥ接続は、マザーボード

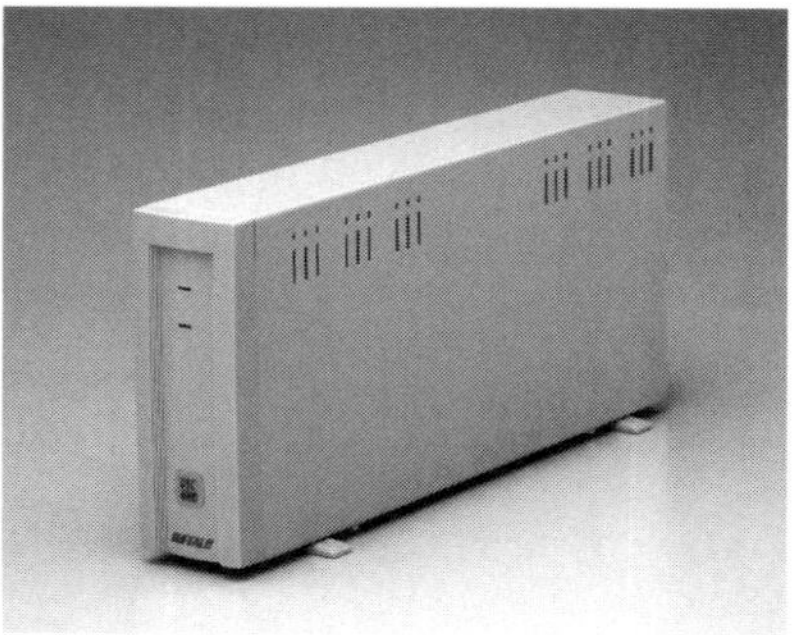
ATA-SCSI高速変換技術「SDAT」方式採用ySCSI-2ハードディスク「DSC-E4000」（1997年発売）

とたやすくつなぐことができ、転送スピードも出せた。新しく出される多くのハードディスクがＩＤＥ接続になり、しかもＳＣＳＩ接続のハードディスクより安価だった。

当然、外付けハードディスクの中身も、新しいＩＤＥ接続のハードディスクを使いたいところだろう。だが、多くのパソコンユーザーは、ＳＣＳＩ接続の外付けハードディスクに馴染んでいた。というより、外からパソコンにストレージをつなぐにはこの方法しかなかったのだ。

そこでメルコが開発したのが、「ＳＤＡＴ（SCSI Directed ATA Transfer）」方式——ＩＤＥ接続をＳＣＳＩ接続に変換できるボードを内蔵した、外付けハードディスクだった。

最新のＩＤＥ接続のハードディスクを内蔵しつつ、多くの人が使い慣れているＳＣＳＩ接続でパソコンとつなぐことができる。

その後、ＩＤＥ接続をＵＳＢ接続に変換して、ハードディスクを外付けドライブとする製品が登場するが、それはずっと先のことだった。

パソコンユーザーにとっては従来と変わらず違和感なく取り付けられ、しかもハードディスクは最新のものを使える。メルコにとっても、安いＩＤＥ接続のハードディスクを使えるため、コスト的にも有利な製品だった。

簡単な発想だったが、開発には1年がかかった。

競合他社もさっそく真似しようとしたが、製品が出たのが我々の発売からさらに1年後のことだった。その間に我が社のシェアは揺るぎないものになっていた。

却下されたCD-Rドライブ。だが再度提起してひと月でシェアトップに

パソコンで扱うデータの容量は年々増え、それを保存するニーズも高まっていた。外付けハードディスクはメルコを代表する製品になっていたが、それはあくまで据え置いて使う製品であり、データを気軽に持ち運ぶためのものではなかった。

１９９８年春、私はＣＤ-Ｒドライブを新たに販売しようと提案した。ドライブで記録した

CD-Rには大量のデータが入り、気軽に持ち運ぶことができる。CD-Rドライブはすでに競合他社は早くから扱っており、かなりのシェアを持っていた。そこへ斬り込み、一気にトップに立つのだ。

ストレージを扱う以上、当然の取り組みと思ったが、牧誠社長から思いもよらぬ反論を食らった。

「何に使うのか？」と、牧誠社長から使用用途を聞かれたので、「音楽のコピーです」と答えたところ、「そんな反社会的な使い方をされる製品は扱えない」と一蹴されてしまったのだ。

著作権の侵害を助長するというのである。

CD（コンパクトディスク）で販売されている音楽を、パソコンで読み込んでデータ化し、CD-Rにコピーして保存することは、当時の使い道としては常識的なものだった。それを他人に譲ったり販売したりすれば、著作権を侵害することになるが、個人で聴いて楽しむ範囲ならば問題はない。

理論武装して反論しようとしたが思いとどまった。

3日後、私は改めて牧誠社長のもとを訪れると、今度は「書類のバックアップのために」と提案した。会社には多くの書類が紙で保存されている。それを電子化するのに寄与できるという理屈だ。

３日前に「音楽のコピーのため」と言ったばかりで、まるで言い逃れのような理屈だったが、今度はあっさりと通った。

牧誠社長は、３日前に私が言ったことを忘れていたのだろうか？　著作権のことを持ち出したのは、単なる思いつきだったのだろうか？　いや、そうではなかったはずだ。

ずっとあとの２０１０年になって、牧誠社長は同業者とともに「一般社団法人デジタルライフ推進協会」（ＤＬＰＡ）を設立して、暗号化技術を用いて個人の利用者が録画番組を保存したり、そのデータを外へ持ち出すことを可能にした。著作権保護を理由に規制を譲らない電波産業会（ＡＲＩＢ）に対抗してのことだった。

著作権を守れと言ったり、著作権を守る団体に対抗したり、一見矛盾しているようだが、権利を守りつつ、著作物を多くの人に楽しんでもらうためには、どちらか一方に固執するのではなく、両立する落としどころを見つける必要がある。

未来の状況を牧誠社長がどれほど予想していたのか今となってはわからないが、いつかは著作権が問題視され、我々の仕事と密接に関係してくる。それを漠然と予感していたのだと思う。

その後、音楽はもちろん動画もパソコンで簡単に扱えるようになり、今はまさに著作権が問題になる時代になっている。

いずれにせよ、こうして無事にメルコでもＣＤ-Ｒドライブを扱うことができるようになった。我々はすぐにメーカーと打ち合わせて、１９９８年６月から販売を開始した。

市場に出回っている製品を大幅に下回る価格で販売すると、競合他社はついてくることができず、我々はこの分野でも一気にシェアを取ることができた。約ひと月でトップに立ったのである。

SCSI-2 CR-Rドライブ「CDR-S412」(1998年発売)

次々と製品をトップシェアに押し上げたことで、ストレージ事業部の士気はかつてないほど上がった。
株式会社ＢＣＮでは全国の家電量販店のＰＯＳデータを集計して、毎週、アイテムごとのランキングをまとめていたが、メルコのストレージ製品は毎週トップで、しかもシェアを伸ばし続けていた。ストレージ事業部ではその記事をもとに、全アイテムのシェアを黒板に書き出すのだが、毎週、書き直すたびに数値は上がり、その都度、事業部ではどよめきが起きた。

もう、かつてのように、社長に全く関心を払われないストレージ事業部ではなかった。シェアも売り上げも利益も取れる、全社的に実績を誇れる事業部になったのだ。

HDDに「ドライブコピー」をバンドルで成功

さて、外付けハードディスクに話を戻せば、より大容量でよりデータ転送スピードの速い製品を最も早く市場へ投入し続けることで、我々はトップシェアを維持し続けていた。

１９９８年になると、さらに大きなチャンスが訪れた。マイクロソフトがその年の7月にWindows98を出すというのだ。パソコンの普及にいっそう弾みがつくことは間違いなく、多くのパソコンユーザーは、新しいＯＳを快適に使いたいとパソコンの性能を向上させる周辺機器を求めるだろう。

それに向けて我々ストレージ事業部としては、より大容量で高性能のハードディスクを用意して待っていたが、競合他社も当然同じように準備していることは明らかだった。

何かもう一つ、他社を引き離し確実にトップに立てる方法はないだろうか。手立てを探ったが、なかなか見つけられなかった。そうこうしているうちに5月が過ぎ、6月になってしまった。

Windows98の発売予定の7月25日まで、1カ月を切った6月末のことだ。その日も昼になり、いつものようにストレージ事業部のデスクで昼食をとっていた。隣では、ストレージ事業部の開発責任者が、そのまた隣の社員と雑談しながらやはり昼食をとっていた。

食事をしながらの気楽さで、話はあっちへ飛びこっちへ飛んでいたが、何かの拍子に話題はパソコンのことになり、開発責任者が自分のパソコンについて語り始めた。

彼はつい最近、ハードディスクを大容量のものに替えたのだが、その際、ドライブコピーというソフトを使って非常に便利に感じたという。

彼はいわゆるパソコンマニアだった。自分でマザーボードやCPU、メインメモリを揃え、パソコンを自作してしまうほどだった。ハードディスクを取り替えるなどお手のもののはずだが、それがけっこう面倒なのだという。

WindowsのOSが入っているハードディスクを新しいものに替えようとしても、ファイルをコピーするだけではうまくいかない。ハードディスクの構造をそっくり保ったままデータをコピーする必要があり、それには自分でコマンドを打ち込んだり、手順を調整したりといった、特別な技術が必要なのだという。

間違えればデータを失いパソコンを壊してしまう恐れもあり、パソコンマニアの彼にとっても、苦労するところだった。

ところが、そのドライブコピーというソフトを使えば、なんの苦労もなくハードディスクの移行が可能になるという。

「いったんセットすれば、あとは放っておけばいいんですよ。その間、外出したってかまわない。８時間後にはすっかりでき上がっているんだから」

彼はまるで自分が作ったソフトのように自慢げにこう話した。

細かな調整など全く不要で、セットしてボタンを押せば、あとは勝手にコピーを進めてくれる。価格は９８００円と決して安くはない。また、コピーには8時間ほどかかる。だが、自分であれこれやるよりはずっと楽で、何より確実だという。パソコンを壊してしまう心配がないところが一番よい。

「(Windows) 98が店頭に並べば、みんなハードディスクを入れ替えるだろ。これは便利だよ」

と彼は大絶賛した。

それを聞いて私はピンときた。

「そんなに便利だったら、ウチのハードディスクにバンドルしたらええやん」

突然、話に割って入った私の言う意味がわからなかったのか、彼はポカンとしたままだった。

いや、話の意味は理解できても、なお、なんと答えてよいのかわからなかったのだろう。いくら便利でも、9800円ものソフトが付けば、ただでさえ競争の激しいハードディスクは売れなくなってしまう。あり得ないアイデアだった。

彼の考えが想像できた私は、すぐに次の言葉を続けた。

「○○さん、それ500円でバンドルできるよう、交渉してきてよ」

私の提案が大胆過ぎたのかもしれない。彼はそれからもしばらく口を開けたままだったが、やがて私の言っていることを理解すると、聞き返してきた。

「500円ですか？　だって9800円なんですよ、今売っているのが……」

いや、その心配はないと私は説明した。

「ウチは万単位で出すんだよ。500円だとしても3万台出れば、1500万円の売り上げでしょう。9800円でどれだけ売れると思う？　そんな高いソフトを買うのは、○○さんみたいな〝物好き〟だけだよ」

私はパソコンに詳しいことに敬意を払い、彼を「物好き」と表現した。

「500円でもバンドルして売ったほうが、向こうにとっても絶対に儲かるよ。うまくいけば、その後もずっとバンドルが続くかもしれないし」

意図は十分に伝わったようだ。彼はさっそくソフトウエア会社に連絡を入れると、交渉を始めた。簡単ではなかったようだ。何度も粘り強く話し合い、ついに500円の価格を飲ませることに成功した。

こちらはこちらで難関を突破しなければならなかった。牧誠社長だ。最初の牧社長の反応は、「そんなもの、売れるか！」だった。

牧誠社長の念頭にあったのは、かつてメモリとメモリ管理ソフト「MELWARE（メルウエア）」をバンドルして販売したことだったと思う。今でこそメモリはパソコンのマザーボードに挿せばすぐに使えるが、かつてはいろいろと設定しなければならず、一般の消費者にはかなり難しいものだった。そこでメルウエアというソフトを自社開発し、バンドルして売ったところ大ヒットしたのだ。

牧誠社長はいわばバンドル販売の先駆者であり、私の案もすんなりと受け入れてくれると期待したが、実際の反応は「バンドルしただけで、売れるはずがない！」と一蹴される始末だった。

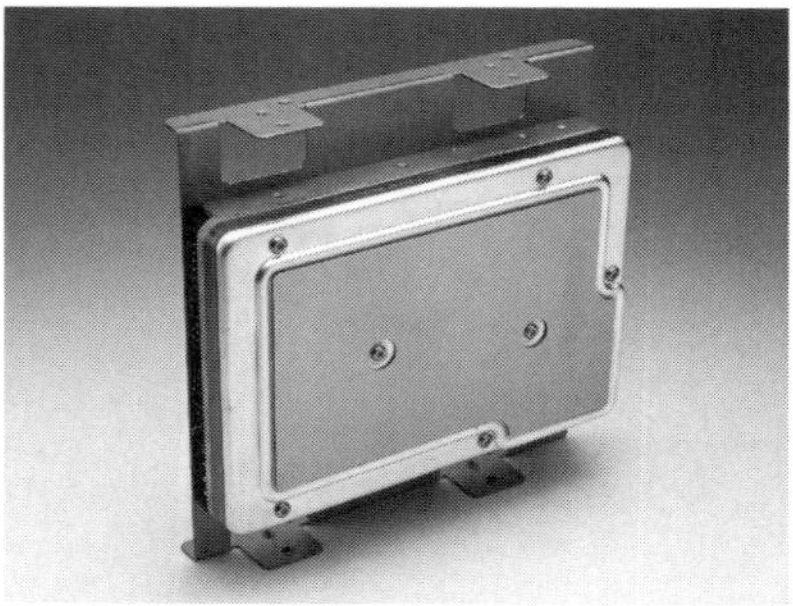

起動ドライブ引越ツール「DriveCopy」添付内蔵ハードディスク「DBI-UVGTシリーズ」(1998年発売)

かつてのメルウエアは自社内で苦労して作ったソフトウエアだった。バンドルすることで、メモリの付加価値を高めるだけの確かな機能と性能を備えていた。それに比べ、そのへんで見つけたソフトウエアを単に付けて売るなど、あまりにも安易な発想に思えたのだろう。

それでも、「どうしてもやりたいんです。やらせてください」と粘りに粘り、なんとか承認を得た。

時間はなかった。大急ぎで、バンドルしていることがわかるようにパッケージを作り変え、ＣＤ-ＲＯＭにソフトを焼いて中に入れて、製品化した。

こうして１９９８年7月25日、Windows98の発売に合わせ、量販店の店頭にはメルコのハードディスクがズラリと並ぶことになった。ドライブコピーのソフト付きの製品だ。

またしても徹夜続き、ヘトヘトでなんとか間に合わせた企画だったが、取り組んだ甲斐は十分にあった。

それまでハードディスクの売り上げは月間１万台ほどだったが、一気に３万５０００台に跳ね上がったのだ。その勢いは3カ月ほど続き、我々のハードディスクのシェアはまたまた著しく拡大した。

すぐに競合他社も追随したが、我が社の独走を阻むほどではなかった。むしろ追随してくれたことで、ソフトのバンドルは業界標準となり、我が社の製品はさらに売れていった。他社からの依頼も加わったことで、ソフトウエア会社は最終的に価格を100円まで下げくれる、というおまけもついた。

第6章

不況下でも強気の策でシェア拡大
――競合を突き放した専務時代

社長のDRAM購入、異議を唱えてケンカになるも、信頼を得る

数々のストレージ製品をシェアトップに押し上げ、ストレージ事業部の存在感は大幅に増した。そして私は、1999年春、常務取締役となり、事業統括の職に就いた。5つの事業部を統括することが役割で、その中にはメモリ事業部も含まれていた。

牧誠社長はDRAMの相場にいつも興味を示し、ある時、突然「買え」と指令が出る。数千、数万個の単位ではない。100万個単位で買えと言うのだ。DRAMは一つ5ドル前後した。100万個では500万ドル——5億円もの金額になる。

ある時は一つ8ドルのDRAMを400万個買えという指令が出た。30億円を超える額になる。さすがにその時は止めに入った。

「社長、これは買えません」

「ナニぃっ！　なんで買えないんだ!?」

ものすごい剣幕でにらみつけられた。すでに頭の中はDRAMでいっぱいになっているようだ。

「リスクが高すぎます」と、私は当たり前のことを言った。

これまでも何度か触れてきたように、ＤＲＡＭをはじめ汎用のＩＣ類は、売り出された時が最も高く、以後価格は下がっていく。確かに需給関係で一時的に上がることはあっても、長期的に見れば必ず下がっていくのだ。

メインメモリなど付加価値のある製品に加工することを前提に、ＤＲＡＭを大量に購入することはあっても、相場の変動で儲けようという発想は周辺機器メーカーとしては本筋ではない。だが、そんな正論を言って通じる相手ではない。何しろこの会社の創業者なのだ。それともこれからＤＲＡＭの価格が上がる兆候を何かつかんだのだろうか。牧誠社長の頭の中はすでにＤＲＡＭでいっぱいで、それ以外のことは考えられないようだった。

私が、「この値段でこんなに大量に仕入れても、私は責任を負えません」と食い下がっても、それがかえって気に障《さわ》ったのだろう。牧誠社長は「何を言っとるかー！」と、ガーンと音をたててデスクを叩くと、「斉木さん、私はね！　ＤＲＡＭでこの会社を潰しても本望なんだ！」と言い放った。

まるでケンカだった。

「会社を潰して本望ですか？　そうなんですね、社長。そこまでおっしゃるならやむを得ません。買わせていただきます」

売り言葉に買い言葉で、私はそう言って社長室を出た。

こうして購入したDRAMだったが、相場はいったんは上昇したが、その後暴落し、大幅な損失を発生させた。

だからといってその後、牧誠社長は大きく態度を変えたわけではなかった。相変わらず「DRAMを買え」という指示は続いた。

ただ、その命令は私にではなく別の役員に向けられるようになった。しかし、必ず「斉木さんがオッケーしたらね」と、条件がつくようになった。どうやら〝ケンカ〟した甲斐はあったようだ。

何をしても売れないデフレ不況下、豊富な内部留保に攻めの糸口を見い出す

1999年、オフィス向けの無線LAN製品「AIRCONNECT」が好調で、翌2000年4月には、家庭向けの無線LAN製品「AirStation」を発売すると、これもヒット商品になった。

家庭でも簡単にインターネットが扱えるようになる「AirStation」は、その後、我が社のロングセラー商品としてシリーズ化されていく。

2000年5月、私は専務に昇格した。その年の6月には、メルコはJRや名鉄・近鉄が集まる名古屋駅前に計三つのオフィスを開設して、名古屋市南区のメルコハイテクセンターから移転した。

すべてにおいて順風満帆、なんら死角はないように思われたが、危機は突然にやってきた。2001年春からのデフレ不況により、2001年9月の上半期の決算で、経常利益が5億円のマイナスとなってしまったのだ。赤字になったのは創業以来、初めてのことだった。

絶好調と思われていたところから、まさかの転落。以後、苦しさはさらに増した。

何も売れない……。いくら営業に力を入れても一向に売り上げは伸びず、仕方なく値引きをする。だが、それでも売れず、値引き額はだんだん大きくなっていく。

赤字になってもさらに値引きしなければならず、牧誠社長から、「お前ら、なんで赤字にしてまで、こんなに値引きして売ってるんだ！」と責め立てられる。だが、どうしようもない。何をやっても裏目に出て、社員たちのやる気は失われていく一方だった。

かつての絶好調の時とのギャップの大きさも響いたのだろう、社内の雰囲気は悪化の一途をたどった。

一方、牧社長は、「なぜ他社がこんな価格で売れるのか?」「我が社の原価が高いのではないか?」という考えに取りつかれていた。自社だけが値引きのし過ぎで赤字になり、競合他社は黒字になっているのではないか。そんな疑心暗鬼を膨らませていたのだ。

それに対して私はきっぱりと、「絶対、コストは我々のほうが低い。競争力は我々のほうが上です」と言い切った。

半期ごとに各社の決算が出るので、それを見れば、競合他社のほうがメルコを上回る赤字を出していたことがわかり牧誠社長は納得してくれた。だが、それでメルコの問題が解決するわけではなかった。

日本中が苦しんでいた。大手家電メーカーですら、数千億規模の赤字に陥っていた。牧誠社長も緊急対策会議の席上、「この業界は終わった」と語り、以後、売り上げを目標とせず、利益重視へと方針の転換を宣言したほどだった。

いや、まだやれることはある。確かにメルコも競合他社も大幅な赤字で、業界全体が苦境のまっただ中にあった。だが、冷静に考えれば、メルコにはまだ使える現金があった。創業以来、ずっと無借金で経営を続け、自由になるキャッシュがあったのだ。

「今こそ攻めるべきです」

私がそう言った時、会議室はしんと静まり返った。みなが牧誠社長を見た。いったいどう出るのだろう？　固唾《かたず》をのんで誰もが見守る中、牧誠社長はいつになく非常にやさしい声で私に聞いた。

「斉木さん、どうするんですか？」

私は「三方一両得」策の説明を始めた。

「三方一両得」策を家電量販店社長とトップ交渉——「リーダーたる者、前線に立て」

私が提案した内容は次の通りだ。

当時、メルコが卸していた家電量販店は全国で60社ほど、店数にすれば数百店にのぼっていただろう。だが、多くは商社経由での取引だった。

直に取引のある上位5社に絞り込み、そこでメルコの製品を販売した場合、通常の利益のほかにメルコが拡販によって得る粗利を折半してさらに戻そうという案だった。今ある手元のキヤッシュを大胆に使い、量販店に対して特別なリベートを支払うということだ。

提案は了承され、私は専務としてそれまでは事業部門を統括していたが、営業部門も任されることになった。

トップ自らが動く時だった。

私は、家電量販店の上位5社の社長との交渉を開始した。振り返ってみると、それまでメルコの経営陣と量販店の経営陣が直に顔を合わせることはほとんどなかった。だからアポを入れても、最初は「誰やそれ?」という反応だった。だが、そんなことを気にしている場合ではない。私は直接、先方に出向くと、経営トップにこの策を直に提案した。

まず量販店にとっては、メルコの製品を売れば本来の利益のほかに、拡販によって増えた粗利を折半した分のリベートが付与される。それだけで量販店の利益は増える。メルコはその分持ち出すことになるが、量販店での売り上げ台数を伸ばすことができる。また、メルコの製品が売れれば、組み立てを担う協力会社も潤う。生産効率が向上すれば、工賃は下がるだろう。さらに、部品などの仕入先も仕入れる数量が増えれば、コストダウンにも応じてくれるはずだ。

――まわりまわってメルコも潤う。

量販店、協力工場や仕入先、そしてメルコの三方すべてが得をする。大岡越前の「三方一両損」ならぬ、「三方一両得」というわけだ。今流でいえば3社ともにwin-win-winになると表現できるだろうか。

２００1年6月、都市型の大手家電量販店の専務との交渉は1時間ほどで話がまとまり、翌7月から、まずパソコンのメインメモリについて「三方一両得」策を始めた。

パソコンに詳しい顧客は、パーツを購入するために秋葉原などの専門店に向かう。自分にとって必要なもの、ほしいものは初めからわかっており、それをいかに安く確実に手に入れるかが一番の関心事だ。

それとは対照的に、家電量販店にパソコンを買いにくる顧客は、それほどパソコンに詳しいわけではない。要望は漠然としており、店員に勧められるままに機種を選びがちだ。「Windows98になりましたから、メインメモリも増やしておけば快適ですよ」

店員にそう言われれば、そうかなと思い、パソコン本体とともに勧められるままにメモリを買い足すことは多い。その際、店員にメルコのメインメモリを選んでもらうようにする。そのための策だった。

当時、メインメモリは世界中から入ってきており、中には格安のものもあった。だが、パソコンとの相性があり、買ったはいいが使えないことがしばしば起こっていた。

メルコのメインメモリは、あらかじめ使えるパソコンの機種を確認して「メモリ手帳」としてまとめていた。「メモリ手帳」は量販店の販売員に配布して、いつでも見ることができるようにしていたので、顧客から聞かれた時、店員はすぐに合うメモリを勧めることができた。顧客にとっても間違いのない製品を得られるわけだ。

量販店の利益は増え、メルコのシェアは上がり、取引先の仕事は増える。さらには、顧客にとってもトラブルなくメモリが手に入る。「三方一両得」ならぬ「四方一両得」ともいえる策だった。

こうして2001年11月までに、上位5社の家電量販店すべてを訪れて交渉し、話をまとめた。幸いにも、すべての量販店が賛同してくれた。

交渉を終えた12月から、明らかに効果が現れた。どの製品の売り上げもシェアも急激に上がり始めたのだ。ほとんどの製品のシェアが倍増したと言ってもいいほどだった。

リベートを払う分、メルコが得る利益は減った。だが、思いがけない効果が現れた。量販店トップ5社でのメルコの各製品のシェア急伸を見て、それ以外の量販店でも特に営業せずとも、メルコ製品を求めるようになったのだ。

全国的にメルコ製品のシェアはどんどん伸びるようになり、利益も順調に得られるようになっていった。

２００２年３月期には、上期の落ち込みが響いて年度トータルでは、売上高は前年の８８８億円から一気に６９９億円へ、２００億円近くも落としてしまったが、経常利益は上期の赤字から通期でなんとかプラスに回復させることができた。翌２００３年３月期になると、売り上げは８７４億円まで回復、さらに２００４年３月期は１０００億円を突破した。

トップが動けばものごとは変わっていく。苦しい時だからこそ、それを示したかった。確かに身をもって実現させることができたようだ。

パッケージのバッファローレッド化作戦で蔓延していた負け犬根性を払拭

どの製品も売れ、シェアも拡大し始めた。そうなると、かねてから取り組んできたもう一つの策が効果を上げるようになった。

２０００年６月に名古屋駅前に移転して以来、私は仕事帰り、近くの家電量販店に立ち寄り、売場を見て回ることを日課にしていた。事業統括となって忙しさは倍増したものの、わずかな時間を使ってでも「三現主義」を続けたかったためだ。そしてその甲斐はあった。

実際に量販店の売場を目にすると、どれが当社の製品なのか、すぐにはわからないことに気がついた。そこでメルコの製品は、すべてパッケージをコーポレートカラーの〝バッファローレッド〟で統一することにしたのだ。

赤は膨張色なので、メルコ製品が売場で専有している面積は実際よりも大きく見えた。競合他社が青色を使っていたことも幸いし、我が社の製品はより目立つようになった。「三方一両得」策により、売場での我が社の製品の割合がさらに増えていくと、その効果はより引き立つようになった。早いところで3カ月、遅いところでも半年ほどで、メモリ、ストレージ、ネットワークなど、売れ筋の製品の売場はメルコの製品で埋め尽くされるようになり、一面真っ赤に染まった。

消費者が目にすれば、売れているなら信頼できると、まず何よりもメルコの製品を選んでくれるだろう。売場が広告となり、また売れていく。好循環が生まれつつあった。

社内では、営業部門の役職をできるだけ減らし、フラットな組織へと変えた。トップの意志が末端にまですぐに伝わり、同時に末端の問題をトップがすぐに把握できる。実際のところ、量販店での反応はどうなのか、何が売れているのか。それらを把握し、次の生産の計画を練り迅速に動くためにも、身軽な組織は不可欠だった。

会社全体に蔓延していた、どうせ何をやっても無駄、という負け犬根性は払拭された。負のスパイラルは断ち切られ、やれば成果が上がり成果が見えるから、またやる気が出てくる。そのような正のスパイラルに乗せることができた。

売り上げや利益を回復させることは企業にとってもちろん大事だろう。だが、私が一番求めていたのは、部下たちが「ここで働いていてよかった」と、思ってくれることだった。それが実現しつつあった。

社内に活気がよみがえってきたことが、何よりうれしかった。

社内での営業のポジションも大いに上がった。かつては「いい製品を作れば、それで売れていく」と、メルコでは研究開発部門ばかりが重視される傾向があった。それに引き換え「営業は誰でもできる」「誰がやっても同じ」と思われていた。

だが、今回ばかりは、会社のV字回復は営業の力なしではできなかっただろう。営業に携わる社員は、社内で胸を張って堂々と自分の仕事を誇れるようになった。

なぜ、あのデフレ不況の中で独り勝ちできたのか？

直感的に取り組んだ「三方一両得」策だったが、それにしてもなぜ成功したのか？　今でもいろいろな人に聞かれる。

身も蓋もない言い方をしてしまえば「先にやったほうが勝ち」だった。業界も世の中もすべてが弱気になり、誰もが身動きすら取れないと信じている中、迷いなく突き進んだことが勝因だった。

だが、もう少し冷静に考えてみると、一つはやはりメルコが業界でトップのポジションにあり、その立場を存分に使えたことは大きかったのだと思う。

「三方一両得」ともっともらしい名をつけたものの、アイデアそのものは決して新しくはない。この方策はリベートの一つであり、上位5社に集中させたり、手持ちのキャッシュを存分に使ったりと、特別に工夫を凝らしたものの、いつ誰が始めてもおかしくはない策だった。

ただ、この策は大きなシェアを持っている企業ほど効果を上げられる。知名度があり、すでにある程度のシェアを持っていて、力を集中させれば売れるとわかっていたから、量販店も受け入れた。

もう一つの成功要因は、取り組むスピードだろう。思い立ってからすぐに実行へ移したことが大きかった。シェアトップの企業に有利とはいえ、2番手、3番手であっても、最初に始めていれば逆転も可能だったろう。だが、最初に取り組んだのはメルコだった。

そして三つ目の成功要因は、トップ自らが動いたことだろう。「三方一両得」策を行うことを決めてから、私自らがすぐに上位5社の量販店トップに会いにいき、交渉を始めた。合意を得たところからすぐに取りかかり、その後も次々と上位量販店との合意をまとめていった。ここでもスピードは重要だった。

トップ自らが動く決断力と実行力、そしてすぐに取りかかるスピードは成功には欠かせない要因だった。

ちなみに、スピードといえば、2000年6月に進出した名古屋駅前のオフィスから、2001年9月には撤退を決め、わずか2カ月でもとの南区のメルコハイテクセンターへ完全移転した時も、そのスピードが業界関係者に驚かれた。

駅前にオフィスがあれば確かに利便性は高い。新幹線で東京へも大阪へもすぐに行くことができる。

だが、駅前ではまとまったオフィスが見つからず、3カ所に分かれていたため、部署間の連絡にも手間取っていた。何より、駅前3カ所の家賃が大きな負担になっていた。

駅前のオフィスの契約は翌2002年3月まで結んでいたため、早くに出てもそれまでの家賃は払わなければならなかった。期限いっぱいまでいてから出ていけばいいという声もあったが、私は「危機感がない！」と引っ越しを急がせ、11月半ばまでに全部署の移転を完了した。

駅前の空いたオフィスでは、すぐに次のテナントが見つかったのだろう、春までの家賃も支払わなくてもよいことになった。これもまた決断の早さに助けられたと言うべきだろう。

メルコハイテクセンターに戻ってみると、300人ほどの社員が一カ所に集まって仕事をすることができ、それがいかに便利で効率的かが改めてよくわかった。ハイテクセンターは自社物件なので、家賃がかからないことも大いに助けになった。

「三方一両得」策の成功により、売り上げも利益もV字回復し、牧誠社長には大いに喜んでもらえた。私も珍しく手放しで褒められ、ボーナスもたくさん出すと言っていただいた。

だが、2002年3月期の決算は、経常利益は黒字だったものの、アメリカの事業の損失で、当期利益は結局、赤字になってしまい、役員のボーナスはなくなってしまった。

「斉木さん悪いねえ、赤字では出せんわ」と牧社長は謝った。牧誠社長が手放しで私を褒めたこともこの時だけなら、謝ったこともこの時だけだったと記憶している。

ただし、部門全体に報奨金が出て、それを社員で分けることにした。一人あたり1万5000円ほどの額だった。

もともとメルコでは、「一律のボーナス」というのはあり得ない。牧誠社長は、日頃から「絶対に一律や平等はいけない。公平でなければ」と言っていた。努力した結果で差がつくのは当然であり、それに応じて報いることが公平という考え方だった。

だが、この時だけはなぜか報奨金は全員に均等に配分されることになり、誰かがフカヒレのスープを飲みたいと言い出したので、社員一同で名古屋の繁華街の栄のホテルに繰り出し、中華料理を食べることにした。部屋を貸し切りにして、総勢100人以上参加したのではないだろうか。何もかもが初めてで、異例尽くしだった。

牧誠社長はあとになって、やはり「平等はいかん、一律は絶対にあかん。公平でなければ」と悔やんでいた。

第7章

社長に就任、ついにトップに

消費者に適正価格で購入してもらうべく乗り出したサプライ事業

2001年の危機を乗り越えたあと、メルコは無線LAN製品というヒットシリーズを得て、波に乗っていく。

1999年1月発売の無線LAN製品「AIRCONNECT」は、翌年の2000年4月、一般家庭での使いやすさを追求した「AirStation」として、より洗練された製品に生まれ変わり、今では年間出荷台数100万台に迫る大ヒット商品となった。

また、2002年12月、一般家庭やSOHOをねらったNAS製品「LinkStation」も好評で、のちのロングセラーとなる法人向け「TeraStation」シリーズへとつながっていく。

2003年5月、メルコはグループとして再編成されることになった。

株式会社メルコホールディングスが持株会社となり、その傘下に関連会社がグループとして位置づけられた。また、同じ年の10月、メルコは社名を変えることになり、バッファローと改められた。ブランド名を社名としたのだった。

翌2004年5月、私はそのバッファローの社長に就任した。そして、さっそく取りかかったのが、パソコンサプライ事業への参入だった。

パソコンサプライ製品とは、マウスやキーボードをはじめ、カードリーダーやUSBハブなど、パソコン周辺機器の中でも比較的低価格で買い換えの頻度が高い品々のことだ。パソコン本体とモニターをつなぐモニターケーブルやLANケーブル、USBケーブルなどの各種ケーブル類なども含まれる。

パソコンを使う消費者にとっては、最も身近な製品であり、パソコン周辺機器メーカーとしては見落とせない分野のはずだが、なぜかこれまで事業として形作られることはなかった。

私の中では以前から事業化のイメージはあったのだが、その年の初めから構想を具体化し、7月にバッファローの一つの事業として立ち上げることにした。

株式会社バッファロー取締役
社長就任時（2004年）

参入した理由の一つが、より多くの人に、特に子どもたちに、バッファローの名前を知ってもらいたかったからだ。

パソコンは、老若男女を問わず、誰にとっても便利なツールになりつつある。仕事で資料を作ったり、メールで連絡し合ったりすることはもちろん、インターネットでものを調べたり、SNSで近況を知らせ合ったり、買い物をしたり、プライベートでももはや欠くことのできない機器といえるだろう。今後もAIの活用が加わることで難しかった問題が解決されたり、生活をいっそう豊かなものにしてくれるに違いない。

バッファローでは、無線LAN製品の「AirStation」、NAS製品の「LinkStation」、「Tera Stasion」をはじめ、ストレージ、メモリモジュールなどの製品を出すことで、かつては設定や設置が難しく、しかも高価で企業でしか扱えなかったLAN製品やNAS製品を一般家庭でも手軽に購入して使えるようにしてきた。

そして、さらに広範囲の人たちに向けて、バッファローを知ってもらえるようになるのがパソコンサプライ製品だ。中でも意識したのが子どもたちだった。

子どもたちは、学校でパソコンを使いながら学習するだけでなく、今ではプログラミングも学ぶようになった。キーボードやマウスは、パソコンを始めようとする子どもたちにとっては、真っ先に触れる欠かせないアイテムだ。最も身近なところから、バッファローの製品に慣れ親しんでもらいたかった。

子どもの頃からバッファローの製品を使い、信頼してくれるようになれば、いずれメモリ類やストレージ製品、無線LAN製品やNAS製品が必要になった時、まずはバッファローの名前を思い出してくれるだろう。

参入を決めたもう一つの理由が、この分野もまた無法地帯になっていたためだ。出回っているサプライ製品にはかなりの利益が上乗せされており、中には原価の3～5倍もの値段で売られているものもあった。割を食っているのは一般消費者だ。

ホイール付光学式マウス「CueStyle MOUSE」シリーズ（2004年）

かつてハードディスクで暴利を貪っていた業界に対抗して低価格のハードディスクで参入したように、パソコンサプライ製品の世界でも、適正な価格で販売することで、誰にとっても快適にパソコンを扱える環境を提供したかった。それが、パソコン周辺機器メーカーのトップ企業の責務と考えたのである。

多くの実績を作ってきたバッファローのブランドならば、家電量販店もしっかりとサプライ製品の売場を作ってくれるだろう。

同業者からはかなりの抵抗があったが、2004年7月、バッファローは、パソコンサプライ市場へ参入した。最初の商品は、マウス2モデル、キーボード3モデル、ケーブル5種類だった。マウスやキーボードにも、もちろん性能や機能は求められるが、耐久性や信頼性、そしてデザイン性が販売を大きく左右する。会社にとっても新鮮な分野だ。

参入後は期待以上を売り上げ、シェアを伸ばすことができた。ただ、新規参入であるため、一度に多くの製品を仕入れることはできない。古くから扱っている企業に比べれば、仕入れる量はたかが知れていたが、それでも適正な利益を乗せて価格を設定しても、市場に出回っていた製品よりもかなり低価格にすることができた。それがシェアを伸ばせた大きな理由だった。逆に言えば、それまでいかに法外な値段で売られていたかということがわかるだろう。

シナジー効果をねらってアーベルを買収。売れ筋製品に絞り込んですぐ黒字化

こうして立ち上げたパソコンサプライ製品の販売は順調だった。いずれの製品もシェアを伸ばし続け、カテゴリー内で2番手、3番手に位置する製品も増えていった。この分野でもバッファローの存在感は増しつつあったのだ。

それから2年半、2007年の春になるとさらに飛躍するチャンスが訪れた。コクヨ株式会社と業務提携することになったのだ。

パソコンサプライ製品の扱いを本格化させるため、メルコグループとしてすでにサプライ製品を扱っている会社の買収を検討していたのだが、大手を含めて調査を進めたところ、浮かび上がってきたのが株式会社アーベルだった。

もとは京都に本社を置く通電機器メーカーだったが、2003年、コクヨ株式会社の子会社となってサプライ製品を扱うようになった会社である。同じサプライ製品でも、コクヨという親会社の存在から想像がつくように、文具やコピー用紙などの消耗品を個人向けに販売していた。

2007年4月、株式会社メルコホールディングスは株式会社アーベルの株式57・9パーセントを取得して同社をメルコグループの傘下とした。コクヨは残りの株式を保有して経営に参加することになり、両社の業務提携となった。

メルコグループとしては、サプライ製品の流通・販売の

メルコグループ創業30周年記念パーティーでの筆者（2005年）

ノウハウを得ることができる。コクヨにとってはサプライ製品の幅をパソコン周辺まで広げ、シェアをいっそう拡大できる。

2007年8月、株式会社アーベルは社名を株式会社バッファローコクヨサプライと改め、私がバッファローとともに、この会社の社長を兼務することになった。

アーベル、コクヨ、バッファローの3社それぞれが扱っていたサプライ製品を集約してラインナップを広げる。一方では開発力を強化して、オリジナルの製品開発に努める。そうして業界での存在感をより強めていこうというねらいだった。

実は、アーベルは長年の赤字に苦しんでおり、資本をつぎ込んだコクヨにとっては頭痛の種だったのだ。メルコグループとなってから実態を探っていくと、不動在庫が8億円分ほどあることがわかり、そのうちの約半分を思い切って処分することにした。

売れ筋に絞り込み、商品の特徴に沿って販売ルートを整備していったところ、商品によっては事業立ち上げの2カ月後の9月からすぐに黒字化することができ、また、その後約半年で、ほぼすべての製品を黒字にすることができた。累積していた赤字も3年で解消することができた。

パソコン周辺機器メーカーとしてのバッファローのブランド力がものを言った。また、ここでも社長である私が、営業の先頭に立って動いたことは大きい。

「リーダーたる者、前線に立て」を実行したのだ。

短期間での業績回復に驚き、長年、アーベルの赤字に苦しんでいたコクヨの会長から、なぜ黒字にできたのか、私に講演してほしいという依頼が来たほどだ。

その後もバッファローコクヨサプライは伸び続け、２０１０年3月決算では売上高94億円、経常利益4億８０００万円を計上、さらに翌々年には売り上げは１１１億円に達した。

経営を完全に軌道に乗せることができたのである。

まだまだ伸ばすことができる。さらに伸ばすには、バッファローの力を借りるしかない。

私はそう信じて、２０１２年4月、バッファローコクヨサプライをバッファローに経営統合することにした。また、統合にともない、私はバッファローコクヨサプライの社長を退き、バッファローの社長に専念することにした。

だが、それは大きな間違いだったのである。

ミスジャッジだった
サプライ事業のバッファローへの統合

無線LAN製品やNAS製品とともに、関連するケーブル類も併せて販売すれば売り上げは上がる。メモリやストレージ製品を売る時、ケーブル類も勧めれば、顧客にとっても便利なはずだ。

バッファローが従来から扱ってきたパソコン周辺機器のラインナップにサプライ製品を加えれば、多様な売り方が可能になり、提案の幅を広げられる。一般家庭ばかりでなく、SOHOや中小企業、大企業まで、法人市場にも斬り込んでいけるだろう。

シナジー効果で売り上げは倍増する――そう期待して、2012年4月、バッファローコクヨサプライをバッファローに経営統合したものの、現実はそう簡単ではなかった。

無線LAN製品やNAS製品、メモリ、ストレージ製品などの平均の販売価格は5000〜6000円で、ものによっては1万円を超えるものもある。だが、パソコンサプライ製品は平均単価が500〜600円、その差は10倍、20倍、個別に見ていけばさらに大きな差がついた。

サプライ製品を10個、20個売ったとしても、ハードディスク1台の売り上げにも及ばないのだ。

営業の社員にとって関心はもっぱら高い製品に向く。サプライ製品をいかに売るかに知恵を絞るよりも、高い既存の製品を一つでも多く売りたいと思うだろう。

こうしてサプライ製品は、営業を担当する社員たちに後回しにされがちになり、しだいに誰の目にも入らなくなっていった。歯牙《しが》にもかけられなくなった、と言ってもいいだろう。時折、注目されることはあったが、全く意図しない使われ方をされた。

サプライ製品はもともと回転率が悪いため利益率を高くしており、大きく値引きしても簡単には赤字にはならない。一方、ハードディスクや無線ＬＡＮ製品などのパソコン周辺機器は、売値は高いが利益率は低く、容易に値引きはできなかった。

そこで営業の社員たちは、パソコン周辺機器を売る際、大幅に値引きしたサプライ製品を添えることでお得感を演出した。サプライ製品はまるでパソコン周辺機器のおまけのように扱われ始めたのだ。

かつて独立した会社だった頃は、サプライ製品だけを販売するために誰もがそれをいかに売り、いかに利益を得るかに知恵を絞っていた。

だが、パソコン周辺機器と一緒に売るようになると、シナジーどころかまるで刺身のつまのような扱いをされることになってしまったのだ。

とはいえ、営業を担当する社員は日頃から厳しい売上予算に追われており、その行為を責めるわけにはいかなかった。

一時は、売り上げは月に10億円ほど、経常利益は4000〜5000万円に達していたサプライ製品だったが、幹部が関心を示さなくなると、自然に社員も無視するようになり、新製品を開発したり、新たな製品を発掘しようという気運は失われていった。

量販店でもサプライ製品の入れ替えは激しい。売れないものはディスコンになるが、我が社の新規の製品は一向に増えない。量販店のサプライ製品売場でバッファローが占める割合はどんどん減り、一時は自然消滅のようになってしまった。

2011年度、111億円までになったサプライ製品の売り上げは、その年をピークに下降に転じ、現在はその半分の水準になっている。現在、新しい社長のもとで、新たなてこ入れ策が始まっている。

バッファローに経営統合せず、独立した専業の会社のままで運営すべきだった。

果敢に挑戦したものの、苦労を重ねた海外戦略

サプライ製品は大きな挫折をしたものの、バッファロー全体で見れば会社は絶好調だった。時間は若干前後するが、２０１１年３月期の決算では、メルコグループとして売上高１２３７億円、経常利益は史上最高である１０９億円を達成した。その大部分を稼いだのはバッファローだった。

バッファローは、売り上げ、知名度、信頼の面で、国内ではパソコン周辺機器のトップメーカーとしての地位を不動にしたと言っていい。

だが、長年、可能性の大きさを理解しながら、どうしても事業として成り立たせることができない分野があった。海外事業である。

「少子高齢化の日本では、市場を広げるにも限界がある。海外展開は絶対に必要である」

そう言って牧誠会長（私のバッファロー社長就任とともに、牧誠氏は同社の代表取締役会長となっていた）が海外へ着目したのはかなり早くのことだった。

構想は１９８０年代からあったが、具体的に動き出したのは１９９１年３月、台湾の台北市《タイペイ》

に台湾連絡事務所を立ち上げたのが始まりだ。私がメルコへ入社する1年ほど前のことだ。

台湾連絡事務所は、アジア全域から部品を調達するための海外支店の役割を果たし、翌1992年6月には巴比禄股份（バピル）有限公司と現地法人化し、活動を本格化させた。当時から牧会長が高い関心を示していたのがＤＲＡＭをはじめ、海外製のメモリやＩＣ製品だった。これらの多くがこの会社を通じて入ってくるようになった。

米国、ヨーロッパへも生産と販売の両面から進出を図っていった。１９９８年1月、メルコは米国のパソコン用メモリモジュールメーカー、「TechWorks,Inc.を子会社化してメモリの生産に乗り出したのを手初めに、英国、アイルランドの会社も買収して、ヨーロッパでのメルコ製品の販売拠点とした。

これら海外戦略はもっぱら牧会長の専権事項だった。実際、「斉木さんは国内に専念してくれ。海外は私がやる」と、牧会長に言われた。

牧会長は自ら海外へ出向き、これらの拠点を飛び回って現地の責任者に指示を出し続けた。1年で世界を4周するほどだった。

だが、私はどうしても牧会長の方針に反対する立場を取らざるを得なかった。いずれの海外拠点も赤字だったからだ。

２００９年当時、メルコで進められていたのがアジア全域に販売を広げるアジア戦略だった。そしてその生産の拠点としてあがっていたのが中国だった。牧会長は、日本で協力工場を担っていた企業に中国進出を促していたのだが、私は反対だった。メリットがないと思えたからだ。日本の製造業が中国へ進出する一番の理由は、現地の安い人件費を用いて製造コストを下げるためだ。製造工程で人件費の割合が高ければ、中国の安い労働力を用いる意味はある。

バッファローの製品に当てはめれば、ＮＡＳなどは組み立てに多くの工数がかかり、中国で作ればかなり原価を下げられるだろう。だが、外付けハードディスクの場合は、組み入れるハードディスクは専業メーカーから仕入れ、それを外付けケースに入れて製品化する。組み立てなど人手は多くかからず、中国で生産しても製造コストはせいぜい数十円安くなる程度だ。

また、中国で製造したものを日本で販売することを考えれば、むしろデメリットのほうが大きい。

中国から日本へ持ってくるためには、空路・海路のいずれにしろ運送費がかかり、そのような物理的な距離に加え、輸入の手続きや手間もかかる。コストもリードタイムも日本で作るよりも余計にかかってしまうわけだ。特にリードタイムが延びることは、販売チャンスを逃す危険をはらんでいた。

強く反対したものの、私の声は届かなかった。

2010年、私は国内営業に専念すべく、東京へ単身赴任することになったのだが、それにより、名古屋本社との距離、つまり牧会長との距離もまた広がってしまった。経営会議や役員会で発言するものの、なかなか通らないことが続いた。特に海外戦略では口を挟むことはできなかった。

中国では一時期、確かに売れた時期はあった。上海にマーケティングオフィスを開設したのが2003年、以降、バッファローは中国の代理店との取引を広げ、上海、北京、南京、成都など中国の代表的な都市20カ所ほどに販売拠点を作り上げた。

ねらっていた販売ルートは二つあった。一つは、各地にある電脳城と呼ばれる中国のITモールだ。小さなパソコンショップが集積する商業ビル——日本でいう秋葉原のようなところへ出店して販売する。もう一つは、家電量販店と契約して店舗で販売する。これらは成功したかに見えた。特に2009年、中国の家電量販店トップ3社のうちの1社との取引がかなったことで、現実に売り上げは伸びていった。

電脳城と量販店のいずれでも、個人ユーザーや一般消費者へ向けてバッファローのストレージ製品や無線LAN機器を販売する。それにより中国の一般消費者にバッファローの名の浸透を図る。そしてその知名度をもとに、オフィス市場を開拓する。コンシューマーからコーポレートへ。――そのような筋書きだった。

一方、2011年には日本の協力工場が中国で操業を開始し、中国で作り中国で売る「地産地消」構想が動き出していた。

だが、現実には売れるのは安い製品ばかりだった。いや、無理矢理安く売っていたというのが正確な表現だろう。

たとえばバッファローの外付けハードディスクに用いているのは、ハードディスクの専業メーカーから仕入れたハードディスクだった。アジアではそれら専業メーカーが、自ら外付けハードディスクを作って販売していた。

そもそも価格的に競争して敵《かな》うわけがないのだが、無理にでも値引きして対抗するため、慢性的な赤字に陥っていた。

それにもかかわらず、現地からはもっともらしい報告が入っていた。製品を価格帯で松竹梅として分けて販売しているが、竹（中価格帯）、梅（低価格帯）ともそこそこ売れている。いずれは松（高価格帯）も売れていくだろう、と。

だが、よくよく目を凝らせば、竹と梅との価格差はほんのわずかでしかなかった。要するに、安いものしか売れていなかったのだ。竹（中価格帯）が売れ、松（高価格帯）へも希望が持てるという期待は、根拠薄弱な楽観論でしかなかった。

外付けハードディスクの海外販売は一時、年間200万台に達したことがある。国内での販売に並ぶ規模であり喜ぶべきことのように思えるが、実態は大赤字であり、国内で稼いだ利益をひたすらつぎ込んでいる有様だったのだ。

私の再三の進言がついに聞き容れられ、東南アジアからの撤退が始まった。中国は最後の最後まで残ったものの、2013年に撤退を決めた。その指揮を執ったのが私だった。

2013年2月、中国の大手量販店の各店に散在していたバッファロー製品を、深圳《しんせん》、香港、南京、北京の4カ所の倉庫に集約するよう、中国の大手家電量販店に通達した。

当初、量販店は在庫が中国中の各カ所——おそらく数百カ所に分かれて分散しているため、すぐに対応はできないとぐずぐずしていたが、遅くなれば返品を受け付けないと宣言すると、1カ月で要請通り4カ所の拠点に商品を集めた。

量販店側は当初、こちらが値引きに応じ、それに見合った額を支払うのであれば在庫は全部引き取ると言った。そうすれば先方は在庫を集約する手間が省け、こちらは棚卸しする手間が省ける。よいことずくめのように思えたが、私は断固として受け入れなかった。

量販店はしぶしぶ応じたが、実際に返品されてきた在庫を棚卸ししてみると、集まった製品は先方が言う量の半分にも満たないことが判明した。言われるままに値引きに応じていれば、大きな損失を出すところだったのだ。ここでも「三現主義」は有効だったわけだ。

また、返品された製品はダンボールを開けていないものが多数あった。売場に並べることもせず、倉庫で放置していたようだ。

販売に続いて、生産拠点の撤退も決めた。製品が売れなければ、そもそも中国に生産拠点を置く意味はない。

期待をさせて中国へ進出した協力工場には申し訳ないことをしたが、正しい判断だったと信じている。いや、もっと早く撤退を決断すべきだった。中国への進出と操業中の赤字、撤退の費用がかさみ、その会社の経営はかなり苦しくなったが、その後持ち直している。

日本国内の市場は縮小の傾向にある。だから海外へ進出する。その方針は正しいと思う。異存はない。いま現在でも海外への進出は、バッファローにとって大きな目標であるはずだ。だが、何をどうすべきか、斬り込むだけのキーアイテムがぜひとも必要だ。

最近は外付けＳＳＤの伸びも大きい。かつて外付けストレージといえば、ハードディスクだったが、それに代わって近年、急激に伸びているのがＳＳＤだ。

ハードディスクは、回転する磁性体の円盤であるプラッタを磁気ヘッドがなぞりながら、情報を書き込んだり、読み取ったりする。プラッタを回す駆動部が必要で重くなり、また、そのため故障が心配された。

だが、SSDは半導体素子にそのまま情報を書き込むので駆動部が不要で、軽く、堅牢な製品を作ることができる。何より読み書きのスピードが劇的に速い。

従来、SSDは高価で一般消費者にはなかなか手が届かない製品だったが、近年、ハードディスクとの価格差が急激に縮まり、需要は急速に高まっている。バッファローでも外付けストレージの代表的製品になると大きな期待を寄せている。

東京で初めての単身赴任。テレビ会議の最中、東日本大震災も経験

パソコンサプライ事業、海外戦略とも決して順調ではなく、また私自身、名古屋の本社から東京へ単身赴任しなければならなくなり、社長でありながら隅に追いやられている気分を味わうことになった。

だが、それで意気消沈するかといえばそんな私ではないことは、再三再四お伝えしてきた通りだ。

若干、仕事の話からはそれてしまうが、東京での単身赴任の生活にも触れておきたい。

バッファローの社長に就任してから6年、２０１０年春、私は牧会長から「斉木さんは国内に専念してくれ」と指示され、東京に単身赴任することになった。考えてみれば、初めての一人暮らしだった。

子どもの時から愛知県の犬山の家で両親と一緒に過ごし、結婚してからも離れに移ったとはいえ、慣れ親しんだ実家の敷地内での生活は続いていた。

人生60年、ずっと同じところで家族と一緒に暮らし、62歳になって初めて一人暮らしを体験することになった。非常に新鮮な気持ちだった。

私の一日は、人形町を中心に点在する〝日本橋七福神〟を巡る6キロのウォーキングから始まった。早朝5時半に日本橋兜町《かぶとちょう》のマンションを出て、証券取引所の横を通って鎧橋《よろいばし》を渡り左へ折れる。

小網神社、椙森《すぎのもり》神社、末廣神社、笠間稲成神社を回り、明治座を抜けて浜町公園へ向かう。隅田川にぶつかったところで右に折れ、川沿いに進んで水天宮、松島神社、茶ノ木神社を回って帰路につく。

日本橋七福神は、聞くところによると500年も前の室町時代から信仰があり、日本で一番、短時間で巡拝ができるそうだ。

ビルがひしめき合う都心で歴史の奥深さを感じられることに驚き、秋には浜町公園のイチョウが黄葉する素晴らしい光景に素直に感動した。どちらも忘れられない思い出である。

雨が降らない限り、毎日歩き通したことで身体は引き締まり、体重は4キロほど軽くなった。

たっぷり1時間かけて6キロを歩いて、6時半にマンションに帰り着くと朝食をとった。といっても気ままな一人暮らしだ。卵焼きは自分で作るが、あとは買っておいたキュウリに塩を振りかけ、やはり買い置きしていたヨーグルトを食べた。昼と夜は、たいていは外食だった。

東京での単身赴任中に、東日本大震災という強烈な体験もした。

2011年3月11日午後2時50分前後。私がいた東京と、名古屋の本社、そして台湾巴比禄股份有限公司の3拠点を結んでのテレビ会議の真っ最中だった。

私は一人で会議室にいたが、ガタガタと揺れが始まったので窓の外を見ようと立ち上がろうとした。だが、それができないほどすぐに揺れは大きくなった。

「あれ、社長がいない」と声がするのでテレビ会議の画面を見ると、確かに私の姿が消えていた。カメラはテレビの上に据え付けられていたが、揺れのためにテレビごと横滑りしていたのだ。私は慌てて目の前の机を押さえたが、そんなことでなんとかなるはずもなかった。

「バカヤロー、地震やぞー！」

そう叫んだものの、画面の向こう側からは、「え、地震ですか?」と、とぼけた声しか聞こえなかった。その時はまだ揺れは名古屋にまで伝わっていなかったのだ。「でかいぞお！」と言ったところで、「えー、大きい地震だってよ」と、まるで他人事のような反応だった。

しばらく気分の悪くなるような長い横揺れが続いた。ビルが免震構造になっており、大きな横揺れに変えてエネルギーを分散させる構造のようだ。地震そのものが収まっても、ビルの揺れはしばらく収まらなかったのだ。そのうち名古屋でも揺れが始まり、やっとのことでことの重大さが彼らにも理解された。

異様なほど長く続いた揺れが収まると、私はビルの14階の会議室を出て、16階の事務所に戻った。幸い会社でけが人は出なかったが、「TeraStation」を保管していたいくつもの棚がドミノ倒しのように倒れていた。あとから確認すると、他社が入っているビルのほかの階でもオフィス機器が倒れて壊れるなどの被害があったようだ。

しばらくしてテレビをつけると東北の惨状が目に飛び込んできて、とんでもない事態なのだと初めて理解した。その後は余震に怯えながらも、帰宅できない社員の宿舎を確保したり、夜食の買い出しのために夜中まで飛び回った。いま振り返っても身震いする体験だった。

今までの製品作りとは全く異なる事業「データ復旧サービス」

２０１７年5月に始まった「データ復旧サービス」は、それまでバッファローが取り組んできた製品作りとは、全く異なる事業といえるだろう。私はこの事業が始まると同時にバッファローの社長を退任したが、事業の立ち上げに直接関わった。

バッファローが外付けハードディスクを販売したのは１９９４年2月。それから20年以上もの間、バッファローはハードディスクなどストレージ製品そのものの保証はしても、そこに入れるデータ類を保障することはなかった。「データはバックアップを取るなどして自己責任で保管してください」——それが、当初からの基本ポリシーだった。

だが、この間、ハードディスクをはじめ、ＵＳＢメモリやＳＤカード、ＳＳＤなどストレージ製品は多彩になり、その容量も劇的に増えた。中に保存するデータの量も、そして重要性も増した。

スマートフォンが広く普及した影響は大きい。家族や友人、知人の写真を撮ったり、動画を撮影することがたやすくなり、いつでもどこでも誰とでも、好きな時に写真を撮り、動画を撮影し、それを観て楽しむことが普通になった。写真や動画のＳＮＳへの投稿も盛んに行われるようになった。

もちろん仕事でも、大量のストレージを活用する機会は増えた。膨大な紙の書類を電子化して、ストレージやクラウドに保存しておけば、検索で必要な情報をたちどころに見つけることができる。

だが、便利になればなるほど、ちょっとした操作のミスで、大量のデータを一瞬で失うような事故も起こり得る。機器そのものの故障もあり得るだろう。

たとえば、ハードディスクは利用年数が４年を超えると故障率が一気に高まり、６年目以降、正常に動くのは50パーセントしかないというデータもある。

「子どもが小さな頃から撮りためた大量の写真が消えてしまった」、「事業を続ける上で欠かせない情報を取り出せなくなってしまった」、「なんとか今すぐ壊れたハードディスクを直してほしい」、そんな切実な声が頻繁に聞かれるようになった。

社会で高まりつつあるそういったニーズに応えるために立ち上げた事業が、バッファローの「データ復旧サービス」だった。

だが、実はもう一つ、バッファローが参入しようとした大きな理由があった。データ復旧に関わるサービスは、すでに多くの企業が乗り出していたのだが、中にはかなり悪質と思われるビジネスを展開している企業があったのだ。

なんとか復旧をと願う顧客の足下を見るように、高額な復旧料を取る業者がいた。多くの業者がホームページでサービスを宣伝しているが、復旧料は1万円からと謳《うた》いながら、実際に復旧を依頼すれば20万円、30万円、いやそれ以上の額を当然のように請求するところもあった。

確かに、ハードディスクのトラブルでは復旧に手間がかかることはある。データが取り出せない、データが消えてしまったなどの原因としては、主に論理障害と物理障害の2種類が考えられる。

論理障害とは、実際には媒体にデータは残っているが、それが見えなくなっている状態のことだ。ほとんどの場合、復旧が可能で手間もさほどはかからない。

一方、物理障害とは、文字通りストレージが物理的に壊れてデータが取り出せなくなった状態を指す。ハードディスクを分解して、中のプラッタと呼ばれるデータを書き込んだ円盤を取り出し復旧作業を行うなど、確かにそこまで手間をかければ技術料や人件費として復旧料が数十万円単位になることはあり得るだろう。

だが、それほど手間がかからないはずなのに、不当に高額な請求をする業者も存在した。

かつて、ハードディスクの販売で暴利を貪っていた業界に怒り、低価格な製品をぶつけて適正価格で消費者に製品を提供できるようにしたように……。原価の3～4倍もの値段をつけてボロ儲けしていたパソコンサプライ製品の世界で、やはり適正価格での販売を広げようとしたように……。データ復旧の分野でも業界を正していくことが、パソコン周辺機器のトップメーカーとしての責務と思えたのだ。メルコ、そしてバッファローが創業当時から持っていた精神を反映した事業が、「データ復旧サービス」と言っても過言ではない。

２０１６年から準備を開始し、実態を調査し始めると右に記したような悪質な事例が次々と浮かび上がってきた。

一方では、良心的に営業している企業も多数存在することがわかってきた。バッファローが提携したアドバンスデザインもその中の一社だ。神奈川県川崎市に本社を置き、１９９５年から20年以上、誠実にデータ復旧に取り組んできた。

創業者であり社長の本田正氏とは、実は以前からの知り合いだった。メルコホールディングスの牧寛之社長とともに訪問して事業提携を切り出したところ、話は期待以上に進み、企業の買収に応じてもらえることになった。

2017年3月、メルコホールディングスは、アドバンスデザインの全株式を取得し、同社はメルコグループの傘下となった。

データ復旧サービス発表会での筆者（2017年）
※出典：INTERNET Watch　https://internet.watch.impress.co.jp/

そしてその2カ月後、2017年5月1日より、バッファローで正式に「データ復旧サービス」が始まった。

まず、対象としたのは、外付けハードディスクやSSD、USBメモリ、SDカードなどのストレージ製品全般だ。バッファロー製ドライブでデータを保存した光メディアなども含む。

これらの製品の論理障害・物理障害それぞれについて、軽度障害・中度障害・重度障害の定義を明確にし、復旧のための料金があらかじめわかるようにした。また、必ずデータ復旧前に見積もりを行い、料金を明確にした。そして追加の料金は取らない。

保証期間内のバッファロー製品であれば、軽度論理障害の復旧は無料で行う。また、中度・重度の障害や、バッファロー以外の製品、そしてバッファローの製品であっても保証期間を過ぎた製品の復旧は有償となるが、たとえば、ハードディスクやＳＳＤ、ＵＳＢメモリなどの軽度な論理障害の場合は３万円、中度の論理障害ならば４万５０００円、軽度な物理障害の場合は６万円（いずれも税別）と、料金は定額であらかじめはっきりとわかる。

現在、東京、新横浜、名古屋、大阪の４カ所に受付拠点を設け、そこへ現物を持ち込んでいただく。持ち込みが難しい遠方の地域の方の場合は、インターネットで申し込み、郵送することも可能だ。見積もり後にキャンセルしたい場合も、ストレージの返送料は無料になる。

ちなみに事業を立ち上げる前の調査で、他社から１００万円の見積もりを出されたハードディスクの復旧をバッファローで行えば、物理障害中度として12万円の料金となる。

製品ではなくユーザーに焦点を当てたストレージの総合的サービス

データ復旧サービスは、こうしてでき上がった過程を振り返ればまさにバッファローらしい、メルコの創業の精神を受け継いだ事業といえよう。だが、現実には、事業の立ち上げには相当な抵抗があった。会社としては、長年タブー視されてきた分野だったと言ってもよい。

実際、サービスの検討を始めた当初は、「（ストレージ製品が）壊れることを前提にしたサービスなどできない」との反対の声があった。もっともな意見だった。

「復旧サービス」は、いま現在、バッファローが販売している外付けハードディスクをはじめ、各種ストレージが将来的に壊れるかもしれないと言っているに等しい。そんな製品が売れるのか、売ってよいのかというわけだ。

しかし、現実にストレージは壊れる場合がある。また、扱い方、使う頻度、置かれた環境によっては、その危険性は高まる。

これだけパソコンやスマートフォンが普及し、ごく身近なところでなにがしかにストレージが使われるようになった現在、それらがトラブルに見舞われることは、あり得ないことではなくなった。むしろ小さなものも含めれば、日常的にトラブルは起こっていると言っていいだろう。そして、それを解決したいというニーズが高まっていることも、紛れもない事実だった。

バッファローの「データ復旧サービス」は、世の中が求めているサービスの最たるものなのだ。

この新しい「データ復旧サービス」についても、ほかの事業同様、市場でのバッファローのシェアを高めナンバーワンを目指したいという気持ちは間違いなくある。

だが、売り上げを追求して、新しい市場をどんどん拡げていきたいのかといえばそうではない。現在のように悪徳業者がはびこり、無理矢理、市場規模が大きくなっている状況はどう見ても不健全だ。適正な市場規模は、現在の65億円の半分ほどと考えている。

バッファローはデータ復旧事業で利益を得るつもりはなく、この事業そのものは赤字にならない程度とし、バッファローが提供するストレージ製品の新たな付加価値として、認められるサービスにしていきたいと考えている。

万が一、データを失うようなことがあっても、バッファローのストレージならば、保証期間内であれば無料で復旧が可能だ。だからバッファローの製品を選ぼう。——そう多くの方に思っていただきたい。

このデータ復旧サービスと併せて、アドバンスデザインでは、データ消去装置を販売している。

古くなったり、故障して使えなくなったストレージは、当然、廃棄しなければならないが、そこで心配になるのが、そこから大事なデータが流出することだ。

アドバンスデザインでは、完全にデータを消去して再利用できるようにする「専用ソフト」と、完全にデータを消去できる「磁気データ消去装置」、ストレージを物理的に破壊して完全に使えないようにする「物理破壊装置」の三つを用意している。メルコグループとしてストレージ製品のライフタイム全般、つまり、「ゆりかごから墓場まで」面倒を見る体制を作り上げた。

これまでのように新しい製品を開発したり、改良したり、その普及を図ったりといった製品に焦点を当てたビジネスではなく、それを使うユーザーに焦点を合わせた新しい取り組みである。

そういう意味でも、これまでの事業と比べれば異色であり、今後のメルコグループが向かう方向を根本的に変えるきっかけにしたい。

第8章

リーダーたる者、前線に立て

オーナー会長に翻弄されつつも、言うべきことは言う

これまで私は自分なりのリーダーのあり方を、実際に自分が体験してきたことをもとに語ってきた。だが、リーダーを語る上で、私にとって決して忘れてはいけないもう一人の人物がいる。メルコの創業者の牧誠氏である。

牧誠氏は、2018年4月3日、69歳という若さでお亡くなりになったが、2004年の春、私がバッファローの社長に就任するとともに同社の代表取締役会長となり、その後、2014年6月にはメルコホールディングスの代表取締役会長に就任して、お亡くなりになる直前まで会長職を務められた。

私自身のリーダーシップもさることながら、牧会長自身のリーダーシップのあり方もまた、語っておく必要があると思う。

一つは、私自身、牧会長から大きな影響を受けてきたからだ。牧会長からは多くの難しい仕事を命じられ、それを実行してきた。間近でそのリーダーシップを見てきた者として、その真の姿を記録し、伝えておく意味はあるだろう。きっと多くの人が知りたいはずだ。

私が牧会長のリーダーシップをどのように受け止め、どのように付き合ってきたかを知れば、今後バッファローやメルコグループで働き続けるために、あるいは取引をしていくために、会社やグループとどう向き合っていけばよいのかがわかるに違いない。

私が牧会長と初めて会ったのは、1991年11月のことだ。

当時、私はまだ山田ドビーの繊維機械部門で働いており、80人の部下を率いていた。同社ではかつての同僚であり、ひと足先にメルコに転職していた知人を通じてメルコへの転職を勧められたが、最初は、自分の部門を赤字にしたまま80人の部下を置き去りにはできないとお断りした。だがその後、幸いにも中国から大量の注文が入ったことで繊維機械部門は黒字化し、私は転職を決意した。

そして初めて牧会長（当時はメルコ社長）と面接することになったのだが、そこで牧会長はにこやかに私を迎えてくれた。牧会長の温和な一面を知ることができた。

1992年3月、メルコで働き始めると、牧会長と私との関係は、経営者と一社員のビジネスライクなものに変わった。もうにこやかに話しかけられることはなくなり、時には無視されているようにも感じた。だが、それでも多少は私を買ってくれていたのだろう、しばしば直接、仕事を任され、私はそれに必死に応えた。

当時の印象をそのまま語れば、牧会長は恐い人だった。

それを最も端的に示す場が、毎月一度、休日の土曜日に開かれていた予実検討会（のちの経営会議）だった。

予実検討会は、午後1時から夜の8〜9時まで続く過酷な会議だった。

今のようにタバコは禁じられておらず、部屋の中にはもうもうと煙が漂い、その煙をかきわけるように担当者が次々と立ち上がり、自部署の報告をしたり、提案をしたりするのだが、牧会長は苦虫を噛みつぶしたような表情でじっと耳を傾け、鋭い質問を投げかけ、しばしば担当者たちを立ち往生させた。

報告や提案に少しでも甘い点があれば、容赦なく叱責した。叱責という言葉はかなり控えめな表現だろう。いい加減な受け答えでもしようものなら、怒鳴られ、罵られた。

言葉だけではなかった。牧会長は、気に入らないことがあればバンバンと机を叩いた。叩いた振動で長机の上の湯呑がひっくり返り、こぼれたお茶でグショグショになった机の上を見て、さらに機嫌を悪くした。

灰皿が飛ぶこともあった。怒鳴り声とともにテーブルの灰皿を払いのけると、軽いアルマイト製の灰皿はフリスビーのように回転しながら床に叩きつけられ、吸い殻や灰が飛び散った。

牧会長はふがいない部下たちに愛想を尽かしたように、延々と自説を展開し、それが7時間にも及ぶこともあった。恐るべきエネルギーというべきだろう。

これらの様子を聞けば誰でも、牧会長は間違いなく〝暴君〟だったのかと思うだろう。確かに好き嫌いの激しい人で、気に入らない取引先をばっさり切り捨てたこともある。だが、自分の感情に任せ、思うがまま振る舞っていたかというと、決してそうではなかった。

機嫌が悪いことにも、怒って怒鳴ることにも理由があった。会議でつるし上げられたのは、ろくに調査をせずに提案したり、根拠もなく楽観的なことばかり語る社員だった。取引先を切ったのは、先代の父親の苦労を考えず、遊び歩いていた若い経営者にあきれたからだった。

逆に、牧会長は、事実という根拠を持って理路整然と語れば耳を傾けた。私が営業が製品の発注点を勝手に動かしているため、部材在庫が過剰になっていると指摘した時も、私の話にじっくりと耳を傾けて、用意した資料に目を凝らし自分で納得すると、「斉木さん、販売計画は無視してもよい。ただし、なぜ発注量を増減したのか理由をはっきりさせといてくれ」と言うと、製品の生産計画を一切私に任せると断言していただいた。

「パリティジェネレータ搭載メモリ」の製造を倍増させようと提案した時もまた、ディスコンになる2GBのハードディスク10万台を購入するため15億円の拠出を求めた時も私の説明に納得して、すべてゴーサインを出してくれた。

そういう意味では、牧会長の振る舞いは理が通るものだった。ただ、人を驚かせたのは、その振る舞いがあまりにも直情過ぎたということだろう。

どこからか新たに情報を仕入れてくると、ろくに説明もせず、いきなり新しい仕事を始めることがあった。誤りと気づけば、前言を翻すことに躊躇することはなかった。そのたびに周りの社員たちは振り回され、あたふたするばかりだった。

だが、長い期間でその振る舞いを追っていればなぜ怒ったのか、なぜ方針転換したのかが、理解できるようになった。

第3章で、牧会長が2時間にも及ぶ電話をかけてきたことを述べた。なぜそこまでするのか、初めはわからなかったが、何度も電話を受けるうちに会議で理解できないことがないよう事前に徹底的に調べることが目的だとわかってきたのだが、ほかにも真意があることに気がついた。

牧会長は、事前に情報収集することにより組織で最も弱いところ、ボトルネックになっているところを見つけ出そうとしていたのだ。それを本番の会議で徹底的に叩いて正そうとした。

強化しなければならない部署を見つけると、その責任者をこれでもかというぐらい徹底的に叩き、その水準を上げようとした。そうして会社全体、組織全体のボトムアップを図っていたのだ。

当時、牧会長がよく口にしていたのが、「ウチには大企業並の人材が集まるわけではない。その能力は一流企業の人材に比べて半分程度なのかもしれない」という言葉だった。

話はそこで終わらず、「だが、当の大会社を見れば、能力の高い社員が100パーセント力を出しているかといえば、そうではない。彼らの話題といえば上司の悪口や会社への不満が圧倒的で、頭の中はいつもいかにサボるかでいっぱいだ。10の力があっても、出しているのはせいぜい3か4に過ぎない」と続く。

自ら大企業の社員たちと付き合ってきた中で、実感したことなのだろう。そして、「ウチの社員の能力がたとえ5しかなかったとしても、それを100パーセント発揮できれば大企業に勝てる。いや、やり方によってはそれを100パーセントにも120パーセントにもできる」と強調した。

そのために牧会長が採ったのが、恐怖政治だったと言ってもいいだろう。

会社が大きくなるにつれて、高い能力を持つ人材も集まるようになってきた。一流大学を出た人間、一流企業で実績を上げてきた人たちが集まってきたが、多くの人たちが、牧会長に叱責され、プライドが許さずに辞めていった。自分に自信のある人間ほど、我慢ならなかったのだろう。

私の場合はどうだったのか？　プライドは捨て、割り切ることにした。そうでなければ、やっていられなかった、というのが正直なところだ。

また、牧会長には決して勝てないとも思った。これまで本書を読み進めていただいた方には、斉木はあの牧誠と対等にやり合ってきたかのように思えるかもしれない。だが、私がやったことといえば、牧会長が行ってきたことが100あるとすれば、そのうちせいぜい1割程度についてものを言っただけだった。ただし、自分で口にしたことは必ず成し遂げてきた。

発想力にしても行動力にしても、また、実際に打つ手立ての大胆さにしても、先の先まで読んだ緻密さにおいても、一流の大学を出た社員であっても、一流企業から来た社員であっても、牧会長には決して誰も勝てなかった。

また、牧会長は厳しい面ばかりが強調されがちだが、心の奥底では温かさを感じた社員も少なくなかった。そんな人が会社に残った、と言えるだろう。その一人が私だった。それがこの会社でじっと耐えながらも仕事を続けた一番の理由だった。

そしてそこまで耐えて仕事を続けた甲斐はあった。大きな仕事ができ、そのたびにこの上ないやり甲斐を感じることができた。この仕事をしてよかった。――多くの部下とともにそう思えたことが、私にとって何よりの喜びだった。

「三現主義」と数字の把握力が説得力の源泉

それにしても、あの牧会長を相手に、たとえ100のうちの10か20であっても、なぜ斉木はものが言えたのか。牧会長を知る人ならば、それでもなお快挙であると言ってくれる。

振り返ってみると、なんとかそこまでできた理由の一つが、やはり、三現主義だったと思う。

机上で論理をこねくり回すのではなく、まず、現場へ行ってみる。そして現物を見て、現実を知る。その上で対策を練り、問題の解決を図っていく。

「現場・現物・現実」の三つの「現」を重視する姿勢は、どんな仕事を進める上でも私にとって土台となった。

牧会長が「三現主義」という言葉を使っていた記憶はないが、考え方は私と一致していたと思う。

もう一つ、私の強みは数字の把握力だった。

たとえば、経営会議である部門の責任者が売り上げについて数字を出した時、「いや、それは違う」と即座に間違いを指摘したことが何度かある。

資料を見ればすぐにわかりそうなものだが、現実には必要な数字はここぞという時になかなか出てこない。だが、私にはそれが自然にできた。

記憶力ではない。自分でもどういう頭の構造になっているのかはっきりとはわからないが、数字をある瞬間の「点」で記憶しているのではなく、「線」で把握しているのだろう。

脳には人それぞれにキャパがあると思う。そのキャパの中で、必要な数字を選別して記憶する。その選別に長けているのだろう。

売り上げが上がっているのか下がっているのか、全体の傾向が流れとして頭の中に入っている。

売り上げは下がってきているはずなのに、そんな数字になるはずがない。先々月と先月の数字がこうであるのに、今月はこの数字になるはずがない。何かおかしいと気がつき指摘すると、まさにその通りだったことはよくあった。

数字とともに、その根拠となる背景を一緒にイメージできることも大事なことだろう。部品の過剰在庫が問題になっていた時、営業側が商品の発注点を勝手に変えていることに原因があると気づけたのは、在庫が上がり下がりする数字の値とともに発注点に翻弄されながら、必死に製品を作っている生産現場の情景を思い浮かべられたからだ。

長く生産管理の仕事を続け、特に前職ではカンバン方式に取り組んだ経験が活きた。発注点を少し動かすだけで生産現場が混乱することを、私は身をもって知っていた。あわてふためく生産担当者の表情まで見えたような気がした。

自分が関わっている分野だけでなく、他部署の分野の数字もなぜか把握することができた。数カ月前でも数年前でも、誰がいつその数字について発言したのか記憶に残っており、たとえ数字そのものを正確に思い出せなくとも誰に聞けばよいのかがすぐにわかった。

昇進して仕事の範囲が増えるにつれ、見なければならない数字は増える。ましてや社長になれば、会社全体の売り上げや利益などの数字は当然把握しなければならないが、現実的に各部署の細かな数字にまで目を通したり、記憶したりすることはできない。だが、最低限の数字を頭に入れておけば、あとは必要な時にしかるべき人間に聞けばよい。

部下に対しても、前後の傾向まで含めて報告させたり、考えさせたりした。手間がかかるため、いやがられることは多いのだが、習慣として身につけば過去の数字の意味を考え、次にどのような手を打てば最良なのかがわかってくる。

私は部下には「コミットせよ」とも繰り返した。言い換えれば、「有言実行」である。まず、自分でやると宣言して、あらかじめ目標の数値を明らかにしてものごとに取り組む。実践したあと、そこに到達できたかどうかをやはり数字で検証する。ここでも数字にこだわることで、ものごとを着実に進めていくことができる。

不言実行はカッコはいいが、あらかじめ数値目標を明らかにするわけではないので、どこまでできればいいのかがわからない。本人の努力とは無関係に、多少成果が上がっただけで大げさに誇ることもできる。

有言であれ不言であれ不実行は論外だが、私は「不言実行」よりも「有言実行」を部下に求めた。自分が何より「有言実行」が好きで、実践してきたからだ。

信頼を得て権限を増やし、プレッシャーに負けず

さて、私の場合は幸いなことに、牧会長から信頼を得られたことで転職してわずか1年の間にどんどん仕事を任されるようになり、1年で生産部長として約60人の部下を持つ身になった。

生産部には1部2課13係あったが、そこで私は1部長1課長5係長を務めた。その後も大きな権限を与えられ、そのたびに着実に仕事をこなしていくことでさらに信頼を高めることができた。

だが、時にはそれがプレッシャーにもなった。仕事はどんどん大きくなり、一歩間違えば損失もまた桁違いに大きくなってしまう。ちょっとした気の緩み、わずかなミスが大きなマイナスとなって現れる可能性があった。

実際、社員の中には一夜にして牧会長からの信頼を失う人間もいた。権限を奪われ、見向きもされなくなってしまうのだ。

強いプレッシャーに押しつぶされることなく、大胆でかつ自在、そして着実にものごとを進めていく粘り強さや豪胆さも求められた。

冷酷にも思える牧会長だが、意外なことに恩義に報いる一面があったことも伝えておく必要があるだろう。

牧会長は、創業当初から苦楽をともにしてきた協力工場を大事に思っていた。

パソコン周辺機器の「地産地消」を実現するために、中国を生産拠点とすべく協力工場を進出させたが、結局は失敗に終わった。協力工場は撤退後、国内生産に集中して巻き返しを図ったものの、中国での膨大な投資で累積した赤字が重荷となり、一時は倒産寸前にまで追い込まれた。

当時、牧会長は重い病で入院していたが、協力工場の窮状を知ると、病床で「なんとかしてやれ」と私たちに何度も訴えた。通常ならば自分の身を案じることだけで精いっぱいなはずだが、何よりも協力工場の行く末を心配していた。この人は、本当はやさしい人なのだと、私はこの時、牧会長の温かさを垣間見た気がした。

恩義に報いるという言葉は、牧会長には似つかわしくないように思えるが、実は感謝することを忘れることはなく、受けた恩に対しては時間をかけてでも報いていく人なのだ。協力工場を家族のように思っていたのだと思う。

それでも、その協力工場でさえ、意に沿わないところが出てきたりすれば、ばっさりと取引を打ち切る冷酷さは相変わらずだったのだが。

納得すれば前言を翻すこともいとわず、新しい考えをどんどん採り入れていった牧会長だが、生涯、頑固に変わらなかった面もある。営業への冷めた態度がその一つだった。

メルコを創業した当時、牧会長はエンジニアとして自分でオーディオ機器を設計して自分で製造し、やはり自分で運転するバンに積んで、全国の専門店に卸して回った。

なんでも自分でやってきた経験は、のちに一流の経営者になっていく土台になったのだろうが、自身がエンジニアだった経験は、経営に専念することになってからもずっと引きずっていた。そして、社内ではエンジニアをはじめ技術系の社員を認め、ほかの職種の人は軽視する傾向があった。

中でも営業という仕事を軽んじ、「誰でもできる」と言い放ったこともある。よい製品を作れば売れて当然、逆に売れなければ営業がさぼっているから。理不尽にもこう言い切っていた。だが、現実はそうはいかない。きちんとマーケティングを行い、販売戦略を練り、限られた力を一点に集中させて取り組まなければ、ものは売れない。

２００１年からのデフレ不況時、メルコが初めての赤字で苦しみ、それを「三方一両得」策で脱した時は、さすがに牧会長にも営業の重要性を認めてもらえたのではないだろうか。本人は最後まで「営業は重要」と決して口にすることはなかったが、少しは考えを改めてもらえたのでは、と思っている。

成長し続ける社員になるために、勝ち残る企業になるために

環境はめまぐるしく変わっている。たとえば家電量販の世界を見れば、この10年で様相はガラリと変わった。勝ち負けがはっきりとし、今後もM＆Aが盛んに行われ、大手数社に売り上げが集中していくことは避けられないだろう。

一方、我が身を振り返れば、パソコン周辺機器業界でのバッファローの地位は変わりなくトップを維持している。だが、個別に各製品を見れば、かつてのようにどれもダントツのシェアを誇っている状況ではなくなった。むしろ全体的にシェアは落ち気味だ。

現在、牧寛之社長は、コーポレートの市場をねらって具体的な政策を進めている。かつてメルコ、バッファローで何度か試みられ、そのたびに苦汁を飲まされた分野だが、今は毎月の商談件数を定め、それを評価対象にするなど、社員の行動管理にまでさかのぼって具体的な施策が進んでいる。今度こそ、効果が上がると期待している。

これからも環境はどんどん変わり、想像もつかない世界になるだろう。だが、仕事に向き合う姿勢には変わらないものがあると思う。

●一人3役をこなせ

この「一人3役をこなせ」は、私が以前から部下たちに言い続けてきたことである。

仕事をルーチンとしてこなして済むのは、平社員か、せいぜい係長ぐらいまでだ。課長以上になれば、ルーチンの仕事は部下に任せ、仕事をどんどん生み出すつもりで日々を過ごす必要がある。常にどこかに新しい仕事の可能性はないのか、目を皿のようにして探し続けるのだ。

そしてそのために効果的なのが「一人3役」だ。課長ならば、部下である係長の仕事と、逆に上司である部長の仕事とを、同時に行うつもりで仕事に向かうのだ。

同じ仕事であっても、違う立場から見れば、違う一面が見えてくる。「一人3役」を習慣づければ、社内にも、社外にも、新しい仕事の可能性があることに気づくことができるだろう。

逆に自分の仕事を囲い込むようなことは、自らの成長を妨げてしまう。「それは自分の仕事ではない」という言葉は最低だ。その程度で自分を終わらせてしまうだけになる。組織にとっても、仕事を押し付け合っているうちに抜け穴ができ、敵にポテンヒットを許してしまうだろう。

遠慮することはない。所属する部署の中だけでなく、他部署もすべて視野に入れ、しかも、部下も上司も複数の視点でものごとを見ていけば、気づきも多くなる。そしてそのことが会社に貢献し、グループを発展させていくことにつながる。

また、それほどの意気込みがなければ、競合他社を打ち負かすことなどできないだろう。

●一つの成功に甘んずることなく、常に次の戦略を

一定の成果が上がれば、人間はついついそれを守りたくなる。だが、それに甘んじてはいけない。

一つの仕事で、戦術・戦略を立て、それで成功しても、成果が上がるのはせいぜい5年ほどだ。不況で世の中すべてが弱気になっている中、「三方一両得」策で独り勝ちを実現した我が社だったが、5年ほどしか続かなかった。発表されるたび、どんどん伸び続けた我が社の製品のシェアも、ある時期を境に頭打ちになり、その後は落ちていった。

どんなに画期的なアイデアで成果を上げても、いつかは競合他社が追いついてくる。そして追い抜かれる可能性もゼロではない。

ある戦略が当たったとしても、3年後までには必ず次の手立てを講じる必要がある。まだ余裕のある残りの2年でしっかりと準備し、次の戦略を着実に実行する。次々と新しい手立てを講じてこそ、企業は成長し続けることができるのである。

我が世の春は来てほしいし、来てくれれば確かにうれしい。だが、我が世の春を謳歌できるのは、ほんのわずかな期間だけだ。

逆に言えば、今がどん底と思えても挽回できるチャンスはいくらでもあるということだ。守る気持ちは捨てて攻め続ける。自らそう戒めることを忘れてはならない。

●新規事業はより単価の高い製品で

パソコンサプライ事業では大事な教訓を得た。それまで扱っていた製品よりも単価の低い製品を加えても、誰もが見向きもしなかったことだ。みな売上予算に追われ、その達成に低価格の製品が貢献できるとは思えなかったのだ。

だが、もしこれが高単価の製品だったならば、受け止め方は全く違っていただろう。売り上げも利益も取れる製品やサービスだったならば、当然誰でも関心を持ったはずだ。

一つの会社で新規事業を起こす時は、そこに注意しなければならない。

実績があるから、シナジー効果が見込めるからといって、単価の安い製品を組み込んでも、みな既存の高単価の製品にばかり関心を寄せ、どうしても新しい低単価の製品は後回しにする。高単価の製品を加えてこそ、誰もがやる気を出すのだ。

パソコンサプライ事業のように、単価の安い製品をどうしても扱おうとするならば、必ず別会社にする必要があるだろう。

●どんな時でも有効な三現主義

三現主義はいつの世でも有効だ。だが役職が上になると、ついつい誰でも現場から離れてしまいがちだ。忙しいという言い訳も加わり、現場へ足を運ぶ機会はどんどん減ってしまう。

これが常態化し、三現主義をすっかり忘れてしまえば、部下たちは上司が見たい信じたい、都合のよい報告や数値だけを上げてくるようになるだけだろう。役職が上になればなるほど、現実とはほど遠い情報をもとに重大な判断をしなければならない羽目になる。

大きなチャンスが目の前にあっても、見落としてしまうだろう。逆に危機が足もとまで迫っていても気づかずに大きな痛手を被るかもしれない。

いついかなる時でも、三現主義を忘れてはならない。

とはいえ、誰もがいつも現場・現物・現実に触れられるわけではない。また、一人で見られる範囲も限られている。

ほんの少しの時間を見つけて、まず自分で三現主義を実行することから始めるべきだ。そして自分の目や耳で見聞きしたことが、たとえ不都合な事実であっても、受け入れる姿勢を貫くべきだろう。

どんな現実であれ、受け入れる姿勢を忘れなければ、部下たちはたとえどのような情報であっても正確に伝えようとするだろう。自分自身の目も養われるだろう。そうすると、ほかの人間が飾り立てようとしたり、隠そうとした現実に対し、わずかな手がかりから見つけることができるようになるに違いない。

あとがき

最後に私の家族のことに触れておきたい。

私が結婚したのは1997年1月、私が29歳、妻玲子は23歳だった。職場結婚だった。

結婚後は犬山の実家で暮らした。私が両親と生活していたところへ嫁入りの形で始まった。

当時私の住む地域では、ほとんどの家庭が親と同居をしていた。両親と嫁との関係を心配したが、私の取り越し苦労で終わったようだ。

子どもは3人恵まれ、長男は1978年1月、長女は1979年12月に生まれた。次女は1982年11月生まれ。彼女は全く耳が聞こえなかった。初めに気がついたのは、私の父だった。生後半年頃、可愛い孫をおんぶして散歩に出た。家の近くに電車が通っていて、それを見に連れて行ったのだ。

だが、父は青ざめた顔ですぐに戻ってきた。孫に、電車が通り過ぎようとして「来たよ来たよ」と声をかけても、踏切の警報機が鳴っても、轟音とともに電車が通り過ぎても全く反応しないというのだ。

妻と顔を見合わせた。「まさか、そんなことが」

すぐ大学病院で診察を受けたところ、両耳とも難聴——全く聞こえていないことがわかった。先天性で治る見込みはないとのことだった。

愕然とした。私自身、何も考えられないほど大きなショックを受けたが、妻はどうだったのだろうか。自分が腹を痛めて産んだ子だ。その衝撃は私よりはるかに大きかったに違いない。だが、妻の立ち直りは早かった。いや、本当はどうだかわからない。とにかくその後、見かけ上は気持ちを切り替えると、持ち前の行動力を発揮し始めた。

次女が1歳前後から毎日、1時間以上かけて一宮ろう学校へ通い始めた。

ある日、妻は健常の子どもたちと一緒に過ごさせたいと言い出した。私は市の民生部長に思いを伝えた。それが功を奏したのか、週2回地元の保育園に通園することができるようになった。その後、小学校中学校進学の折には私が各教育委員会へ出向き話し合ってきて、子どもへの理解と願いを聞き入れてもらってきた。

周囲の理解のもとで、大学まで健常の子どもたちの中で成長していった。

次女は障がいなどものともせず、さまざまなことに興味を持ち、挑戦し続けた。妻の社交性や物怖じしない性格を引き継いでくれたのだと思う。

結婚25周年を記念したオーストラリア旅行。妻玲子とシドニーにて夕食

私は朝から深夜まで働き詰めの毎日だったので、家族旅行の思い出など、片手で数えられるくらいしか記憶にない。それでも妻は文句一つ言わなかった。そして幸いなことに、私の両親は子どもたちをかわいがって、よく世話をしてくれた。

長男と長女は、現在それぞれ家庭を持ち、時折孫を連れてきてくれるのが楽しみとなっている。3人の子どもたち、その子どもたちをいつも見ていてくれた両親、そして妻に心から感謝したい。

現在妻は、行動力と社交性をフルに発揮してボランティア活動を続けている。

結婚25周年でオーストラリアへ。旅の途中、小型飛行機内で「副操縦席に座ってみませんか」とアナウンスがあると、誰より早く手を挙げ、さっさと座り込んだ。あとから様子を尋ねると、片言の英語で隣の操縦士と話をしたそうだ。

なかば呆れて見ていたが、妻のこんな性格だったからこそ、私も子どもたちも両親も明るく生きてこられたのだと思う。家族が幸せに暮らすことができたのは、この妻のおかげなのだと私は思っている。ありがとう。

ここで改めて牧誠ご夫妻に感謝を申し上げたい。たゆまない叱咤激励により私を鍛えてくださった。奥様に励ましていただいたことも数知れず……。

メルコへの転職を誘っていただいた牧博道元常務にも深く感謝したい。一度断ったにも関わらず、諦めずに声をかけ続けていただいた。あの誘いがなければ、いまの私はない。

もう一人感謝を忘れてはならない人がいた。今は亡き父・久喜《ひさよし》である。私が内定をいただいた大手製薬会社を、勝手に断ってくれたことが結果的に今につながったのだ。

最後にこの書籍を著す機会をいただいたメルコホールディングスの牧寛之社長にも深く感謝申し上げたい。自分の人生を振り返る大きなきっかけをいただいた。

メルコ、バッファロー、メルコホールディングスで私とともに働いた従業員の方々、お取引先様にも感謝したい。無理な要求は多かったはずだが、よくさじを投げずに付き合ってくださったとつくづく思う。

これまでの自分の半生を振り返ると、出会いとご縁の不思議な力を感じずにはいられない。すべての出会った方々に感謝したい。また、これからもそれを大切に生きていきたいと思っている。

斉木邦明

2020年8月

一堂に会した筆者のファミリー

[著者]
斉木邦明(Kuniaki Saiki)

1948年9月22日生まれ、愛知県出身。1971年3月、愛知大学法経学部経済学科卒業後、同年4月、山田ドビーに入社。1992年3月には同社を退社して、メルコ(現バッファロー)に入社。1993年5月生産部部長となる。取締役とストレージ事業部長を兼任時は、外付けハードディスクを業界ナンバーワンに押し上げ、専務取締役となってからは、各製品の大幅なシェア拡大を陣頭指揮。2004年5月、バッファローの取締役社長に就任すると、2011年3月、売上高1237億円、メルコグループとして史上最高の経常利益109億円の達成に貢献した。2017年5月、バッファローの社長を退任、2020年6月メルコホールディングス取締役を退任した。

リーダーたる者、前線に立て
トップが動けば、社内の活気はよみがえる

2020年9月28日　第1刷発行

著者　斉木邦明
発行所　ダイヤモンド社
〒150-8409　東京都渋谷区神宮前6-12-17
https://www.diamond.co.jp/
電話/03-5778-7235(編集)　03-5778-7240(販売)
装丁　安食正之(北路社)
編集協力　古村龍也(Cre-Sea)
執筆協力　山本明文
制作進行　ダイヤモンド・グラフィック社
印刷　八光印刷(本文)・新藤慶昌堂(カバー)
製本　加藤製本
編集担当　今給黎健一

ISBN 978-4-478-11164-2